小学館文庫

# ガラクタ捨てれば未来がひらける

——風水浄化術入門——

カレン・キングストン

田村明子　訳

# 序文

デニス・リン
『Sacred Space（聖なる空間）』の著者

1991年の春、私はロンドンのヴィクトリアにある王室園芸ホールで、前世療法の講師を養成するクラスを教えることになっていました。受講者が200人以上いたので、主催者側は生徒を2つの階に分け、私は下の階のクラスに立ち、上の階のクラスはスピーカーを通して私の声が聞こえるようにアレンジしたのです。2つの教室をチェックし、アシスタントになってくれる人たちと打ち合わせをするために、私は早めにホールに到着しました。

私は、セミナーを開催するとき、いつも何人かのヒーラー（一般に、西洋医学以外の方法で人を癒《いや》す治療師）やセラピストに手伝いをお願いして、部屋の隅々に立ってもらうことにしています。それにより、受講者たちも安心感を覚えるからです。安全に守られているという感覚を与えられると、人々は深い瞑想《めいそう》状態に陥ることができるのです。その日、私はロンドンでも著名なカレン・キングストンというセラピストに手伝ってもらう幸運に恵まれました。カレンが有能なセラピストであることは知っていましたが、彼女のスペース・クリアリングの能力については知りませんでした。それを、ドラマチックな方法で知ることになったのです。

下の階の部屋の準備が整い、上の階の部屋へと移動しました。すると、その部屋の雰囲気に、とても不快な感じを受けたのです。エネルギーがどんよりと重く、にごっていました。それから誰かに呼ばれて、数分間部屋を出ました。再びその部屋に戻ると、私は驚きのあまり立ち止まりました。

「何が起きたの？」と私は叫びました。部屋には数人のアシスタントがいるだけで、皆、私の声に驚いていました。大きな声を出したのは、その部屋のエネルギーの変化に衝撃を受けたからでした。もうそこは、重苦しいよどんだ雰囲気ではなくなっていたのです。中にある物体は何も変わっていないのに、部屋全体が明るいエネルギーで満たされて輝いていました。カレンが静かに前に出ると、スペース・クリアリングをしていたと説明してくれたのです。

「信じられないほど、エネルギーが変わっているわ」と私は言いました。

彼女は驚いた顔をして、「今までそこまでエネルギーの変化に敏感な人には会ったことがありません。しかもまだ半分しか終わっていないのに！」と言いました。その瞬間、私たちは同じ能力を持った相手に出会ったのだとわかったのです。今日まで続いている、豊かな友情の始まりでした。

翌日、私は自分のセミナーで、カレンにスペース・クリアリングについて話をしてもらいました。彼女の知識と温かさが、受講者たちの心を惹《ひ》きつけました。彼女は声だけでも、部屋をきれいなエネルギーで満たすことができました。あれ以来私たちは何度も一緒に仕事をして、カレンはスペース・クリアリングと風水の大家として知られるようになったのです。執筆活動もする彼女は、世界中にその知識を広めました。カレンが本書を執筆すると教えてくれたとき、私はとても嬉《うれ》しかったのです。

カレンの本は、風水とスペース・クリアリングを使って自宅や職場に聖なる空間を作り上げることについて書かれています。それは人々に健康、富、幸福をもたらします。風水とは、すべてのものにある自然のエネルギーの流れのこと。カレンは、東洋の暮らしのアートである風水を、現代の西洋社会に持ち込む方法を考え出しました。彼女は「流れに従う」という表現が、「物事はすべて落ち着くべき場所に落ち着く」ことを意味しているのだということを、とてもよく理解しています。あなたがいるべきときに、いるべき場所にいれば、すべてがうまくいくのです。長い間人々は、これは運命だと信じてきました。でもこの本に書いてあることを学ぶと、環境と調和して、いるべき場所で運命をつかさどることができるようになるのです。私も長年の経験から、聖なる空間を作り上げることが人生にどれほどすばらしい変化をもたらすか、目撃してきました。

古代の中国では、「家に調和があれば、国に秩序ができる。国に秩序があれば、世界が平和になる」と言われていました。現代社会ほど、このことが必要な時代はかつてなかったように思います。カレンの本は、人生の旅に快い流れをもたらす情報を与えてくれます。それによって、あなたは誰で、なぜ生まれてきたのか、思い出すことができるのです。

## 第三部　さらに深いレベルのスペース・クリアリング



## 第四部　電磁波の影響



## 第五部　風水で家を聖なる場所にする

カバー・本文扉イラスト●朝倉めぐみ
カバーデザイン●矢島高光
本文イラスト●タナカデザイン
本文デザイン・DTP●橋本 郁
校閲●桜井健司
編集●実沢まゆみ／飯沼年昭（小学館）

# 第一部　スペース・クリアリング

# 第一章　私の風水体験

## はじまり

１９７８年のある夜、私は引っ越したばかりの友人夫婦の家に、車で向かっていました。運転中にふとひらめいたことが、その後の私の人生を変えることになったのです。彼らのアパートメントの玄関にたどりつくと、私は車の中で思いついたことを説明しました。新居の中を案内してもらうのではなく、目隠しをしたまま家の中を歩かせてほしい、と。

それまで過去何年か、私は手でエネルギーを読み取るトレーニングをしていました。生物から発せられる電磁波の脈動だけではなく、無生物である物体からも読み取るのです。わかりやすく説明するために私はいつも、目を使って本を読むように手を使って情報を読み取るのだと表現しています。自分の家や公共の建物の中ではすでにやってみましたが、他人の家を、それも目隠しをして実行してみたことはかつてありませんでした。

友人夫婦はこのちょっとした実験に興味を示して、どこからか引っ張り出してきた分厚い絹の黒いスカーフを私に手渡しました。こうして玄関から、彼らのアパートの中の探索が始まったのです。

私はゆっくりと廊下を進み、玄関のそばの部屋へ入りました。手をアンテナ代わりにしながら、壁や家具などの輪郭を追い、物質に直接触れずにエネルギーを感じ取るように集中したのです。

最初に気がついたことは、友人夫婦の持ち物と、そこの家主からの借り物である家具を感じ分けることができることでした。友人たちの家具からは暖かい、なじみ深いエネルギーが伝わってきましたが、家主の持ち物からはもっとけだるくて重苦しい波動が感じられました。

この発見に、私たちは興奮しました。「壁にどんな絵がかけてあるのか、わかるかどうか試してみて」と友人夫婦は私に持ちかけました。

今度は少し時間がかかりましたが、壁のどこに絵がかかっているのかは正確にわかりました。そして集中すると絵の色、そして時にはそこに何が描かれているのかまで感じ取ることができたのです。額に入れた人物の写真が何枚かかけてあり、そのいくつかは誰の写真かもわかりました。

「ほかにどんなことができるか、もっと試してみましょう」と友人夫婦は私を励ましました。すっかり興味をそそられていたのです。今度はどの装飾品が彼らの持ち物なのか、当ててみることにしました。ところが私の的中率はここで突然急降下し、私たち全員がびっくりしてしまいました。最初は原因がわからなかったのですが、装飾品のほとんどがアンティークだったため、前の持ち主のエネルギーもまだ残っているのだろうという結論に達しました。私が混乱したのは、そのためだったのです。

これにヒントを得ると、今度は違う方面に集中して、私は再び室内を歩き回り始めました。彼らが引っ越してくる前に、ここでどんなことが起きていたのかを読み取ってみたのです。誰もこのアパートメントの過去については知らなかったので、私たちは未知のゾーンへと足を踏み入れることになりました。推測に頼るしかなかったのですが、私は感じ取った波動をできるだけ正確に説明していきました。もっとも強く感じたエネルギーは、「頑固な精神」としか形容のできないものでした。それから私は骨に痛みを感じ始めたのです。特に指の関節に。

私はその夜ずっとアパートメントの中で色々なエネルギーを感じ取り、ようやく目隠しを取ったのはもうさよならの挨拶《あいさつ》をするために玄関に立ったときでした。その1週間後、友人夫婦が興奮して私に電話をしてきました。彼らは家主から、以前の住民の情報を得たのです。彼らの前に20年そこに住んでいたのは、とても頑固な老人で、ひどい関節炎、特に手の痛みにいつも悩まされていたというのです!

## その後の進展

この夜の体験によって、私はさらに自分の能力を開発する意欲を持ちました。手や肌でエネルギーを感じ取ると同時に、さまざまなレベルのエネルギーを見て、聴き、匂いをかぎ、時には味わうことすら学んでいきました。また直感を研ぎ澄ませて、手相、占星術、タロット、数秘術、筆蹟《ひっせき》観相法なども勉強しました。色、音楽、クリスタルなどを使ってヒーリングすることもできるようになりました。また世界中の音楽、ダンス、スピリチャルな儀式についても学びました。チャネリングの技術も、かなり上達していきました。

建物の中のエネルギーを読み取る技術が上達していくにつれ、そのほとんどが好ましくないものであることに気がついたのです。特に自分の家では、できるだけ他のエネルギーの影響は受けたくないと感じました。こうして建物の中のエネルギーをきれいにしていく方法へと進んでいったのは、ごく自然な成り行きでした。この技術が、これから徐々に説明していく「スペース・クリアリング」というものです。自分が住む空間をクリアリングして、エネルギーを高いレベルに保つということが、私の人生の基盤になりました。

私が学んだ中に、「配置法」と呼ばれるものがありました。ある物体をどこに配置するかによって、エネルギーのレベルが変わることを学んだのです。この手法を取り入れてみると、驚くような結果が得られました。何かに行き詰まると、私は家に帰って家具や装飾品の配置を変えたり、時には入れ替えたりします。するとエネルギーフィールドが、かちりとはまったように感じる瞬間があるのでした。その後は、やることなすことすべてが快調になるのです。この手法を、私はどんどん進歩させていきました。そのうち友人たちの間で、私は不可能に見えることを何度も何度も実現させると、評判になっていったのです。

毎日が発見に満ちた、すばらしい体験に恵まれた時期でした。何が有効で何が効果がないか、いろいろと試していったのです。部屋の雰囲気を変える手法も、学びました。時にはもっと活発になるよう、時にはもっと落ち着くように。知人が訪ねてくると、よく途中で立ち止まって「すごくすてきな部屋！」「なんて気持ちがいい場所でしょう」と口にします。そして帰る時間になっても、なかなか腰を上げようとしないのです。そんなことがしょっちゅう起きるので、私は現実的に結果を出しているのだと確信を持ちました。

このようなことを10年ばかり実行していたある日のこと、友人が本を持ってきて、私の目の前に広げて見せました。イラストがたくさん入ったその本に、それまで耳にしたことのなかった「風水」に関する一章がありました。彼は「ほらご覧よ！　中国人はきみが始める３０００年前から似たようなことをやっていたんだよ！」と言ったのです。興味を持って私はその章を読みましたが、東洋文化の難しい表現がたくさん使われていて、当時の私にはさっぱり理解できませんでした。でも自分の体験から学んでいたことが、現実に有効だという検証がすでになされていたと知ったのは、すばらしいことでした。

それから何年もして、私は新しい技術を身につけました。ボディワーカーとしてのトレーニングを受けたのです。人々の体から数センチ離れた位置に手をあてて、細胞の中に刻まれた記憶やトラウマを読み取り、それを解放する手助けをする仕事でした。呼吸法も取り入れて、私はプロのリバーサー（rebirther・リバーシングとは、呼吸法で体の中に閉じ込めたエネルギーを放出する方法です）になりました。人々が呼吸法を使って、自分の内側にある答えを見つける助けをしたのです。本人の呼吸がどのようにエネルギーを取り込むかによってその相手の感情を読み取り、長い間エネルギーを滞らせてきたものを指摘して、それを取り除く手伝いをしたのです。ボディハーモニー、レイキなどいくつかのボディワークを組み合わせて、着実に結果を出していきました。

人々のエネルギーと関わりながら、私は場所の持つエネルギーに関するトレーニングも続けていました。でもそのことに興味を持つ人が他にいるだろうとは想像していませんでした。西洋社会が精神文化にようやく目覚め始め、それまで私が積み重ねてきた技術が突然価値のあるものになったのは、とても嬉《うれ》しいことでした。

## バリへ行く

1990年、私がインドネシア諸島の小さな島バリに出会ったとき、私の人生はまた大きな転換期を迎えました。ここの精神文化は、人々と周りの自然がみごとに調和していました。そして世界でももっとも進化した、清めの儀式を開発していたのです。私はすっかりこの土地に恋をして、その後3年間のほとんどを滞在し、いまだに年の半分を過ごしているのです。

インドネシアの言葉を学びたいという気持ちが湧《わ》き、バリ語を学び始めました。実に多彩で複雑な言語であるバリ語には3種類の言い回しがあり、さらに無数の方言がありました。辞書など存在せず、解する西洋人はほとんどいませんでした。バリ語を学び始めると、目の前のドアが大きく開かれるようになりました。特に年配の僧侶やシャーマン(巫術師《ふじゅつし》)たちは、インドネシア語が学校で教えられるようになる前の教育を受けてきたので、バリ語しか話さないのです。この本の中にまとめたことの中には、僧侶やシャーマンから授かった知識もたくさん含まれています。

## 教えることになったきっかけ

長い間私は、スペース・クリアリングを友人以外に教えることをためらってきました。「変わり者」というレッテルを貼られるのがいやだったからです。そのうち私は「望みの人生を手に入れる」という精神文化のクラスを教えることになり、ある興味深い事実に気がつきました。生徒たちはそれぞれいい結果を出していましたが、中でも最高の結果を得たのは、私がエネルギーのクリアリングを教えた友人たちだったのです。

もっと多くの人にスペース・クリアリングを教える決意をしたのは、序文でデニス・リンが書いてくれた出来事のあとです。当時、私たちはまだお互いのことをほとんど知らなかったのです。それなのに翌日デニスは、彼女の前世ワークショップの最中に、私が知っているスペース・クリアリングの知識を自分の生徒たちに教える時間を作ってくれました。終了後、私は人々に取り囲まれ、そして自宅で個人コンサルテーションをしてほしいという依頼が殺到したのです。私は驚き、同時に喜びでいっぱいになりました。デニスは私も自分のワークショップを始めるべきだと励ましてくれ、イギリスとオーストラリアで彼女のクラスの企画を手がける担当者を紹介してくれました。こうして私は風水、スペース・クリアリング、それらに関するワークショップを世界中で教えることになったのです。

## その後の進展

「風水」という言葉はもともと中国から来ています。ですが私はスペース・クリアリングを学んでいくうちに、世界中の多くの文明がさまざまな形での風水を実行していることに気がつきました。役に立つと感じたテクニックは、世界のどこからであれ取り入れるようにしました。中国、日本、インド、アメリカ、イギリス、欧州諸国、中東諸国、そしてもちろんバリなどから。

たくさん本を読んでみると、国と文化によっては他と矛盾することも書いてあります。でも私はエネルギーの観点にしぼって考えていたので、その中のどの部分が有効で、西洋文化の日常にも取り入れることができるのか、見分けることができました。こうしてリサーチをしながら集めた知識を煮詰めていく作業は、とても楽しいものでした。

風水やスペース・クリアリングの個人コンサルテーションでは、まずその人の家の中を歩き回ってエネルギーのレベルを読み取ります。それからの作業は、そこに住む人、あるいは働く人がどこまでやってほしいかによって違ってきます。ある女性はもともと1時間のコンサルテーションを予約していたのですが、それが7時間におよぶ長さになりました。4階建ての邸宅の部屋すべてのリーディングをすることになったのです。彼女はとても心の優しい母親でしたが、すでに成人した子供たちとの問題が絶えませんでした。私に家のエネルギーを読み取る能力があることがわかると、彼女はすべての部屋を回って、壁、家具、装飾品にどのようなエネルギーが刻み込まれているのか読み取ってほしいと依頼してきたのです。それによって彼女の子供たちのそれぞれの性格、抱えている悩み、将来の夢を読み取り、どのような手段がもっとも有効な助けになるかアドバイスをしました。

私の能力は特殊なものなのか、とよく聞かれます。私は生まれつきエネルギーに敏感でした。でもこの能力は、長い年月をかけて磨いたものです。本書にまとめたことは、ワークショップで教えるようになってから、大勢の人がエネルギーを読み取ることを学び、風水やスペース・クリアリングを住居や職場で実行しているものです。経験のない人でもすぐに日常生活にあてはめることができるようにまとめてみました。その結果がもたらした喜びの声の報告が、電話や手紙で私のもとにたくさん届いています。さらにより多くの人にその効力を知ってほしいと願って、こうして本に書いたのです。

## 本書に書いてあること

本書は、全部で5部に分かれています。

＊第一部は、風水の基礎的なこと、スペース・クリアリングについて、そして

のステップで行う自宅のスペース・クリアリングの実行方法

＊第二部は、スペース・クリアリングのさらに詳しい説明と、自分でカスタマイズできる空間の浄化方法について

＊第三部は、さらに深いレベルで空間を浄化し、日常に神聖さを取り入れる手法について

＊第四部は、天然と人工的な電磁波とその影響について

＊第五部は、自宅で鏡やクリスタルなどを駆使して風水をいかに適用するかについて

この順番に沿って実行なさることをお勧めします。最初の3部のスペース・クリアリングと空間の浄化について、そして第四部の電磁波についてと進んでいくことにより、五部の風水の実行がより効果的になるのです。

本書の中では、主にあなた方の「住んでいる家」を対象に考えて書きました。でももちろん職場など、自宅以外でもあなたが滞在する建物に当てはめることもできます。

# 第二章　風水とは？

イメージトレーニングなど、人生を改善させる方法を学んだ経験がある人にとって、風水とスペース・クリアリングは新たな展望を与えてくれるはずです。家の中を整理整頓《せいとん》することは、今までその存在すら知らなかったあなたの応援部隊が待機していたことに気がつくようなものなのです。あなたの家がどのようなものを象徴しているのか、どのようなエネルギーを発しているのかを理解することで、さらに人生を向上させていくことができます。家の中のエネルギーの流れを調整すると、人生そのものにも大きな影響を与えるのです。

## あなたの家

あなたの家について、ちょっと考えてみてください。いま自宅で読んでいるのなら、ちょっと顔をあげて周りを見てみましょう。どのように形容しますか？　エレガント、乱雑、居心地いい、当座しのぎ、見栄っ張り、殺風景、実用的……？

どのような状態であっても、それは実はあなたの内面が現れたものだと自覚してください。あなたの外見、特に住んでいる家の環境は、あなたの中身そのものなのです。また逆も真なりで、家の中のものはすべてあなたに影響を与えます。小さな置物から、部屋全体のデザインまで、すべてです。

家や職場の環境が、自分にどれほど大きな影響を与えているのか自覚している人はほとんどいません。建物とは背景にすぎないと考えていて、自分の成長を助けたり妨げたりするとは考えていないのです。でも影響を受けていると気がつかないのに、無意識のうちに反応しています。

腕のいい風水師なら、家を見ただけであなた自身のことをかなり当てることができるでしょう。占星術家にとっての誕生時の星座表、手相見にとっての手のひら、筆蹟《ひっせき》鑑定師にとっての筆蹟と同じようなものなのです。あなたのことはすべて、住んでいる家を見て感じることができます。あなたから発したものでなければ、そもそもそこにあるはずがないのですから。意識しようがしまいがあなたはそこに住むことを選び、家の中に何を置くかを選び、そしてどこに置くかを決めたのです。それにはすべて意味があり、その影響があります。家はあなた自身の自画像であり、同時にあなたの人生で何が起きるかを決定するのです。

## すべてのものは生きている

風水とスペース・クリアリングを理解する第一歩は、まずすべてのものにはエネルギーがあり、精神も知性もあると知ることです。家も、生きているのです。座っている椅子《いす》も生きています。指にはめる指輪にも命があります。それらは独自の意志を持っていて、私たちが聞き方さえ理解すれば、ちゃんと秘密を語ってくれるのです。

私は子供のころから、すべての物体に生命を感じてきました。もちろん、それは私独自の創造ではありません。アニミズム（自然信仰）は、「開発途上」といわれる国の文化に欠かせないものですが、実は彼らの意識は宇宙意思とまだつながっているのです。バリ島では、アニミズムはバリ・ヒンズー教と交じり合い、宗教儀式の基礎をなしています。どこの家にも、不思議な力を持つといわれる聖なる物体が少なくとも1つはあります。

私たちが住んでいるこの惑星は、宇宙をあてもなく漂う死んだ石の塊ではありません。惑星も、そこに存在しているすべてのものも、エネルギーを持っています。そのエネルギーを、中国では「気（チ）」と呼び、日本語では「気（キ）」と発音します。インドのヒンズー教徒は「プラナ」であり、ポリネシアでは「マナ」など、精神文化のある国ではそれぞれ呼び方があります。英語では「スピリット」「ライフフォース」、あるいは単純に「エネルギー」ということもあります。

地球から発するこのエネルギーが、言語や文化の違いとなって形に表れることもありますが、たった数キロ移動しただけで住民たちの方言がすっかり変わることがありますが、それは土地が発するエネルギーそのものが違うからなのです。

エネルギーはいつも私たちの身の回りに存在していますが、物質的な形をとるまで目に見えません。光も、何かを照らすまでは目で見ることはできません。電気も目に見えませんが、私たちは毎日当たり前のようにスイッチを入れて使っています。キルリアン写真（1939年に旧ソ連のキルリアン夫妻によって開発された生体エネルギーを写すといわれる写真）は、すべてのものはエネルギーを発しているということを物理的に証明してくれました。精白された小麦粉を使用した白パンと、全粒粉を使用した黒パンをそれぞれスライスしたもののキルリアン写真を見たことがあります。白パンの周りには薄いエネルギーの層が写っていましたが、黒パンのエネルギー層はその何倍も大きく、強い光を発していました。その違いがあまりにも強烈だったので、あれから私は白パンを口にしたことはほとんどありません。過剰に加工された食べ物は、生気のほとんどを失ってしまっているのです。

一口で説明すると、風水とは母なる地球の存在を意識して、可能な限り快適な暮らしを実現させる知恵と言えるでしょう。バランスと調和をとり、自然のエネルギーの流れを促すこの古代から続いてきた知恵は、生活のすべての面に活用することができるのです。

## 東洋における風水

風水という名前は中国から来たもので、「風」と「水」を表しています。この名前がもっとも一般的に知られているので私も普段使用していますが、他の多くの文明も違った呼び名で似たような知恵を発達させていました。

風水は中国で３０００年ほど前から使用され、もともとは祖先を埋葬する土地を選ぶためのものでした。どこに埋葬すれば、祖先の霊が子孫たちをもっとも有効に守ってくれるか探し当てるというわけです。その後、宮廷や政府の建物、記念碑などを建てる場所を選ぶことに使われ、そしてついには都市全体が風水によって設計されるようになったのです。

香港がそのよい例で、あの街の繁栄は風水の効力の証明だといわれています。香港の建築物の90％が、風水に基づいて設計されているそうです。中国銀行の７階建てビルの鋭い角が近所の企業を妨害していると訴えられた話は有名で、東洋社会で風水がどれほど真剣に受け止められているかを表しています。ビルの設計士が銀行の競争相手の「気を殺す」ために、意図的に矢じりのような鋭い角を相手に向けて建てたことは疑いようもありません。周辺の建物の住民たちは、ただちにその危険なエネルギーを相手に戻す鏡を配置し、裁判所に訴えたのでした。これは風水を社会のために利用するのではなく、悪用したケースです。私たちは与えたものはいずれ自分の身に返ってくることになるという、カルマの法則を忘れてはいけません。

## 西洋における風水

アメリカで風水が一般的になったのは1990年代の初頭のことでした。そしてほかの流行と同じように、そこから他の西洋社会へと広まっていったのです。90年代後半には風水は大流行となり、今ではロンドンが西洋の風水の中心地となって、数多くのワークショップやクラスが開かれています。

風水を学び始めた人はよく、心の底で潜在的に知っていたことがこれで説明されたと言います。大成功した起業家たちは、そうとは知らずに風水を実行していたことがしばしばあるものです。自動車会社「ジャガー」の会長ウィリアム・リヨンズ氏は、新しい車のデザインに目を通すときに、「ライトライン」と呼ぶものを見るようにしていたといいます。理想的なライトラインとは、前方から後方まで車の形に沿って光が流れるように反射するものを指しています。風水ではこれを、調和の取れたエネルギーの流れと形容できます。リヨンズ氏によると、ジャガーが製造した中でもっとも利益を上げたEタイプには、最高のライトラインがあったそうです。

アニタ・ロディックが創立した「ボディショップ」という会社には、壁に利益の倍増を象徴する鏡が張られていました。これも、それと意識せずに風水を実行したよい例なのです。

## 風水とスペース・クリアリング

風水は奥深いもので、東洋社会では、学ぶためには最低30年は風水師について修業をしなくてはならないといわれています。西洋社会では、まだそこまで深いものだとは理解されておらず、大部分の人はインテリアデザインと家具の配置のことぐらいしか知りません。でもこれは、風水の枝葉のほんの一部にすぎないのです。整理整頓、そして建物の中を浄化するというのも、また別な枝葉の一部です。さらに枝の先へ行くと、風水によるヒーリングもあります。風水はさらに建物全体の配置、方位、占星術、色彩、食事、病気の症状などさまざまな方面に対応しているのです。

このような風水の枝一本でも、先端までマスターするためには、近代社会のスピードをもってしても数年の学習と経験が必要になります。でもそのごく基本を一通り学ぶだけなら、それほど難しくはありません。私が本書でやろうとしているのは、そのことなのです。スペース・クリアリングから学び始めると、エネルギーの動きがどのように日常に影響を与えるかを実感することができるため、入門編にはうってつけです。

# あなたの日常のクオリティを向上させる

この本の目的は、いかにして、幸せで、充実した、実りの多い人生を手に入れるかということにつきます。私たちはみんな、物質的な惑星の上に、物質的な肉体を得て生まれてきた魂なのです。ですから物質的な住処《すみか》が必要になります。あなたが精神世界のことにはまったく興味がない人でも、しばらくこの惑星で暮らす予定ならば、風水を学んでおくことは悪いことではありません。地球の上で暮らしていくには、いくつかの基本的なルールがあるのです。

西洋社会の家の中心は、以前は火の燃える暖炉や、キッチンのテーブルというような人が集まる場所でした。それが今日ではテレビになったのです。嘘《うそ》だと思うのなら、リビングの椅子がどちらの方向を向いて置いてあるか、確認してみてください。中心にある箱型のものに向いているのではないでしょうか？　そのためコミュニケーションも、家族間の行事も減ったのです。人々の孤立感も、いっそう高まってきました。

西洋社会の人々は、人生がそもそもどのようなものだったか忘れてしまいました。地球からも、環境からも、お互いからも、心の糧《かて》となる多くのものから切り離されてしまったのです。今では生活の中に神聖な部分など残ってはいません。

私たちは周辺との調和を失うと、肉体的、精神的、心理的、そして霊的にも病気になります。自分たちを病に導く建物を建て、人生が無意味に思えるのはなぜなのか思い悩むのです。でもようやく西洋社会も、東洋ではすでに何世紀も実行されてきたことに気がつきました。

風水は人生に希望を与えます。私たちの人生に、調和と神聖さを取り戻してくれるのです。私は世界中を旅して、東洋社会は自分たちにないもの（物質的繁栄）を西洋に求め、西洋社会は自分たちにないもの（精神文化）を東洋に求めているのを、常に目撃してきました。風水によって国籍も宗教も違う2つの文明に架け橋がもたらされたのです。

# 第三章　バリ島・別世界への旅

この本には、バリ島の話がたくさん出てきます。私が教えていることが現実に実践されている土地だからです。第一部では、自分の家をどのようにして神聖な空間にするかについてを中心に述べていきます。まずは風水とスペース・クリアリングが、日常の暮らしに取り入れられている文化への旅に出てみましょう。

## 見えるもの、見えないもの

過去20年間、私は二重生活を送ってきました。半分は物質の世界にしっかりと足を踏みとどめる一方で、もう半分は目に見えないエネルギーや波動の世界に住んでいます。私がバリ島に滞在するのが大好きな理由の一つは、バリの人々も同じように2つの世界で暮らしているからなのです。土地の言葉では「セカラ」（目に見える世界）と「ニスカラ」（目に見えない世界）と呼び、形あるものはすべて目に見えないエネルギーに源を発していることをよく理解しているのです。私はこのようなバリの人々に、強い親近感を覚えます。この美しい島は、３００万人の人々が真にスピリチャルな暮らしを営んでいる土地です。私が自分のことをいちいち説明しなくてもすむ、世界で唯一の土地でもあります。彼らはこちらの意図を、完璧《かんぺき》に理解してくれるからです。

## 儀式を取り入れた日常

西洋社会では、物質面と精神面が完全に区分けされています。でもバリ島ではそうではありません。生活のすべての面において、宗教が息づいているのです。彼らは地元に根付いてきたアニミズムと祖先を祭る儀式を取り入れ、独特の華やかなヒンズー教を生み出しました。宗教といっても、しめっぽい儀式ではないので、若者も老人も同じように参加しにやってくるのです。

3日もかけて祝うお祭りほど、バリの人々が好きなものはありません。これは宗教儀式であると同時に、社交の場でもあります。何日もかけて神前にお供えする食べ物や花を用意し、それからさらに何日もかけて神様から払い下げられた食べ物を楽しむのです。どの村にも寺院が3つあり、それぞれの寺院が年に2回は大きなお祭りをするので、バリではいつもどこかでお祭りをやっています。南北80キロ、東西150キロほどの小さな島の中に、およそ2万の寺院があるというのですから、驚きです！

彼らは自分たちが地上の楽園に住んでいると信じていて、自分たちの土地に敬意を持っています。どの家にも祭壇があり、花やお線香を添えて、夜明けと昼、晩の3回祈りを捧げるのです。彼らはまさに、環境との完璧な調和を保っている人々です。

私のお気に入りのエピソードに、こんなものがあります。バリ島には毒のある生き物はほとんどいませんが、ある種のムカデは10センチ以上の長さに成長します。咬《か》まれても命に関わることはありませんが、ものすごく痛みます。ある夜、私は寝ている間にムカデに咬まれてしまいました。鋭い牙《きば》の痕《あと》が2か所、上半身に残されて私は数時間苦しみました。朝になると、昨夜の騒ぎはなんだったのかと近所の人々が集まってきました。説明すると、みんなは私が咬まれた痕を見たがりました。でも見たらさっさと帰っていってしまったのです。

「同情はしてもらえないの？」と私は当時婚約していた、バリ人のレイに聞きました。彼は頭を横に振ってほほ笑むと、バリ人にとっての認識は私が咬まれたのは地の精霊を怒らせるようなことをしたためなのだということを優しく説明してくれました。近所の人々がそそくさと帰っていったのは、自分も咬まれないように地の精霊への供え物をするためだったのです！　こんなことが再び起きないよう、私たちもそうするべきだとレイが主張しました。私たちはお供え物をし、それ以来二度と咬まれたことはありません。

## バリの風水

バリが楽園である理由の一つは、風水がとてもうまく取り入れられていて、建物がまるで地面から生えてきたように見えることです。周りの環境にぴったりと調和をしているため、まるで種から育って地球に根を張っているように見えるのです。どこの風景を取っても、まるで絵葉書のように絵になるのはそのためです。

これは少数の専門家の技術によるものではなく、バリの人々すべてが生まれつき調和のバランス感覚を身につけているからです。それは人間関係だけでなく、自然との調和、そして宇宙全体との調和も含まれています。風水の感性を身につけていないバリ人には、会ったことがありません。彼らがいとも簡単に美しい環境を作り上げてしまうことに、いつも驚かされます。彼らは私たちのように、草木を根こそぎ引っこ抜いてコンクリートの箱を建てるということはしません。元からある地形を利用して、それをさらに美しく見せるように住居を作るのです。同じような家を整然と列に並べて建てるということもしません。彼らにとって家とは自分自身の一部であり、心の中で大切にしているものを表現する場でもあるのです。

バリ人は、土地に根付いて暮らしています。彼らは土の匂いをかぎ、自然の音を耳にし、オンドリの鳴き声で目を覚まし、コオロギや蛙《かえる》の声を子守唄代わりに聞きながら眠りにつくのが好きなのです。町中に住んでいる人々でも、土、風、火、水などをうまく駆使して居心地のいい住まいを築いています。

バリの暮らしは、日々変化があります。それは言語にも反映されていて、バリ語には過去形も未来形もありません。彼らは常に、今を生きているのです。人々は順応性が高く、西洋人のように変化に抵抗を示しません。伝統的なライフスタイルがまだ生きているのも、彼らが西洋の影響をうまく取り入れて融合させるのがうまかったからなのです。そのよい例が、「トゥンペク・ランデプ」という210日ごとに行われる儀式です。これはもともと金属でできた武器を清めるためのものでした。でも戦いの時代が終わった今のバリでは、この儀式は車、バイク、トラックなどを地元の寺院で清めてもらう儀式に姿を変えたのです。

## バリの家の建て方

バリの家は、伝統的に一家の主人の体の大きさに比例して設計されます。それは家族にとってもっとも調和の取れた環境を作るためです。自分の体に合わせて作られた家に住むなんて、想像できますか？　きっとオーダーメードのコートに袖を通すように、快適なのに違いありません。

建築作業は、まず専門家に相談してもっとも着工にいい日取りを選ぶことから始めます。バリには一般的なグレゴリアン暦のほかに「サカ」と呼ぶ月暦と、「パウコン」という210日周期のカレンダーがあります。パウコン暦の面白いところは、年の表記がないことです。単純に、同じサイクルが繰り返されていくだけなのです。1日だけの週、2日の週、3日の週と増えていって10日の週まであります。重要な事柄は、たいがい3日の週、5日の週、7日の週に行われますが、建物に関することが決定されるのは8日の週です。

西洋社会では私たちはどこでも好きな土地に家を建て、そこに住んでいる精霊のことなど気にもとめません。バリ島では人間とそこに住む精霊が共存できるように、土地を注意深く選びます。その精霊が人と共存することも移転することもできない場合は、家を建てることを諦《あきら》めてほかの土地を選ぶのです。経済的な理由から、無理な場所に家を建てるということはバリではあり得ません。そんな家には誰も住みたくないからです。また、以前、埋葬地だった土地や、大きな悲劇に見舞われた土地のような不浄な場所にも、家を建てようとする人はいません。

## ミクロとマクロの宇宙

キリスト教の聖書によると、「人は神の姿に似せて創られた」そうです。バリの人々は、これをさらに深く追求しました。彼らは建物を、人間に似せて創るのです！　彼らはさまざまなところで、ミクロの宇宙を創り上げています。

彼らには「トリアンガ」と呼ばれる概念があり、それは3つの部分という意味です。人の体は、頭、胴体、そして脚と足からなっています。頭は聖なるものとされ、真ん中は中立、下は不浄なものとされています。

家を設計するにも、祭壇は家の頭部に置かれ、人が住むリビングは胴に当たる部分、動物を飼う場所やゴミ箱などは足の部分にあたります。寺院にも3段階の境内があり、もっとも神聖な神殿は頭の部分、一般的な儀式は真ん中、そして日々の雑用は一番下の部分で行われるのです。村全体も、同じようにデザインされています。各村に3つある寺院の中でもっとも神聖な儀式が行われるところは頭の部分に、一般の儀式が行われる寺院は真ん中、そして一般人の火葬と葬儀が行われる寺院はもっとも下に位置します。

## 地形

もっと大きな尺度で見ると、バリ島全体が3段階に分かれています。島を東西に横切る聖なる山脈があり、人々はその裾野から海までの中間部で暮らしています。そしてそれよりさらに下がると海になるわけです。

バリのヒンズー教徒は（バリの全体人口の95％です）、神々は山に住んでいて、もっとも高いマウント・アグングがもっとも神聖だと信じています。バリの家は必ず祭壇がマウント・アグングを向くように設計されており、またベッドも頭がそちらを向くように並べられます。何かの事情でそれが無理なら、もっとも近い山、あるいは東に向けられます。

　バリ島に観光客が大勢押しかけて島を荒らしても、いつもきれいに回復するのはなぜなのか、人類学者たちは頭をひねってきました。でも人々の方位へのこだわりに目を向けた学者はいなかったのです。輪になって中央に頭を向けて横たわり、瞑想《めいそう》をした経験のある人ならば、これがいかにパワフルなものかわかるでしょう。大勢がまとまって行うことにより、同じ人数が個々に行うよりも不思議なパワーが湧いてきます。バリの人々が毎晩聖なる山に頭を向けて眠ることの影響は計り知れません。どれほどの人数の観光客が出入りしても、この習慣は変わりません。毎晩眠っている間に、彼らは強い力を持つ地霊と精神的に交流をしているのです。こうして彼らは、島全体の規模で神聖なスペースを築いているのです。

　この方角に頭を向けて寝ないと、バリの人々は体調を崩します。まるで彼らの中に、磁石が埋まっているかのようです。実際バリ人に目隠しをして、ぐるぐると回してから、どちらが山の方角かと聞くと、正確に当てるのです。私は何人かの有志に実験させてもらい、彼らがみな正確に当てるのを見て驚きました。

　あなたがバリに行ってみると、多くの宿泊施設がこの方角に合わせて設計されていることがわかるでしょう。もっともバリの人々は、観光客が方位など気にもとめないことをよくわかっているので、新しい施設ではベッドの位置にほとんどこだわっていないようです。私は時々バリ島の自宅を出て、島の中を旅行します。滞在した部屋のベッドの位置を動かす必要があると私が指摘すると、民宿の人は必ず嬉しそうな顔をします。私が彼らの方位へのこだわりを理解し、敬意を払っていることを知って、いつも快く手を貸してくれるのです。

## バリ島でのその他の清める方法

バリの人々が清めるのは建物だけではなく、車、楽器、そして踊りに使うお面や僧の使うベルなども対象となります。そうした物に対しても定期的に供え物をすることで、エネルギーレベルを高く保つのです。私はいつも冗談で、バリでは私の車を調子よく走らせるためには、ガソリンタンクにはガソリン、ラジエターには水、そしてダッシュボードにはお花が必要だと人に言うのです！

## バリでのスペース・クリアリング

バリでは定期的に島全体がスペース・クリアリングされるので、低いレベルのエネルギーが取り払われます（第四章参照）。これもこの島がかなり観光化されているのに、土地の人々は精神文化をきちんと保てている理由の一つです。今日ですら、島の中で強姦事件や近親相姦が起きることはほとんどありません。窃盗は、１９９８年の経済崩壊があってからは増加しつつあるとはいえ、かつてはほとんどありませんでした。観光客は、人口が密集している地域では注意しなくてはなりませんが、村落部で危険な目に遭うということはまずありません。またバリは、売春婦のいない、おそらく世界で唯一の島でもあります。そんなことをしようという女性がいないのです。島の中に売春婦がいることはいるのですが、それはインドネシアのほかの島からやってきた人たちで、バリ出身の女性ではありません。バリ島はこの惑星でもっとも浄化された土地と言ってもいいと思います。

## 「ニュピ」

バリ島を語るのに、スペース・クリアリングの行事である「ニュピ」の儀式をはぶくわけにはいきません。これはバリで新年が始まる3月に行われます。その日が近づくと、子供たちは悪い霊を追い払うためにあちこちで爆竹を鳴らします。そしてどの村でも、「オゴオゴ」と呼ぶ悪魔の張子を作ります。ニュピの前日になると、「オゴオゴ」を乗せた竹の山車《だし》が、にぎやかなシンバルとガムランの楽団を従えて行列をするのです。音は大きければ大きいほどいいとされ、視覚的、聴覚的に忘れがたい体験です。

真夜中になると、四辻《よつじ》に「オゴオゴ」が積まれて、「ブタカラ」（悪霊）に捧げた供え物と一緒に焼かれるのです。バリの人々にとって四辻は、交通だけではなくエネルギーが交差する場所でもあり、ここで事故がよく起きるのは悪い霊がそこにいるからだと信じられています。張子に供え物をして火をつけることで、よくない霊を追い払って場所を清めるのです。人々は夜明けまで起きて、できるだけ大きな音を立て、それから島全体が完璧な静寂につつまれます。

バリ島の「ニュピ」の日は、現実離れしたものです。島全体で丸一日、すべてのものがストップしてしまうというのは、世界でもこの土地くらいでしょう。この日は、徒歩でも車でも、誰も通りに出ることは許されません。つい最近までは、飛行機も着陸することが許されませんでした。でも航空業界の国際線スケジュールに滞りが生じるため、バリ政府は法を改正して飛行機の着陸を認めました。ただしその日に到着した観光客はパトカーの伴走でホテルに直行させられ、翌日まで閉じこもっていなければなりません。ごくわずかな休止できない職種を除くと、島全体の機能がストップするのです。機械や電気のスイッチも入れてはいけないことになっています。火をつけてもいけないので、料理もできません（バリの人々は冷蔵庫を使わずに一晩食料を保存する手段に長《た》けています）。音楽、テレビ、ラジオもすべて禁止で（どのみち地元の局はすべて閉鎖されています）電話も使うことができません。地域によっては、24時間電気の供給も断たれてしまいます。喫煙、ギャンブル、アルコール類を飲むことも禁止で、会話も囁《ささや》き声でしなくてはなりません。犬ですらほえるのをやめ、ニワトリもコッコと鳴くのをやめるのです！　南国での静寂は、暖かい、優しい夢のようです。

丸一日、行かなくてはならない場所も、やらなくてはならないこともありません。するとと内臓までがすっかりと、完全にリラックスをするのです。これはすばらしい体験です。この日は瞑想をして過ごし、来年をどのような年にしたいのか思索することに使います。日が暮れてあたりが暗闇《くらやみ》に包まれると、その効力はいっそう効果的です。愛する家族に囲まれながら、行く年来る年に思いをめぐらせる。この時間がずっと続けばいいのに、という気持ちになるのです。

翌日、すべては平常に戻ります。夜明けとともに道路は人々、自転車、車、トラック、バスで埋まり、「ニュピ」はまるで夢の中の出来事のようです。翌年が来るまでは。

## バリ島の聖なる教え

バリの人々は西洋の人々のようにたくさんのものを持ってはいませんが、精神的な豊かさがあります。彼らのすばらしい文化からは学ぶべきことがたくさんあり、私たちの日常にも活用できるものをこの本の中で紹介していきます。特に次の章で述べるバリ人の儀式から学んだスペース・クリアリングの技術は、西洋式の生活にもうまく取り入れられるようにまとめました。では、そのやり方をご紹介しましょう。

# 第四章　スペース・クリアリングとは?

スペース・クリアリングとは、空間を清めること。なぜこれが大切なのかを理解するためには、私たち人間がエネルギーにどのように反応するのかを知らなくてはなりません。

## アストラル・ライト

この地球には、私たちが呼吸をする空気だけではなく、「アストラル・ライト」と呼ばれる目に見えないエネルギーがあります。もっとも低いもの（もともと「悪い」アストラル・ライトというのは存在しないのですが、現代では霊的に見ると汚染されています）から、霊的にもっとも高いものまで、7つのレベルに分かれています。私たちは常にこの7つのレベルのうちのどれかのエネルギーを吸いながら生きているのですが、ほとんどの人々は意識しないまま一番低いレベルにとどまっています。地球上で何か所か、高いレベルのアストラル・ライトが集中している場所があります。そのことを知っていた古代人は、人々が簡単に高いエネルギーを吸収できるよう、これらの場所に神殿や寺院を建てました（聖地を訪ねると、高いレベルのエネルギーに慣れていない人は自然に呼吸が浅くなります）。

アストラル・ライトのさまざまなレベルについて、もう一つ例をあげましょう。あるとき突然すばらしいアイディアがひらめいたのに、数時間後にそれが何だったのかすっかり忘れてしまったという経験はないでしょうか？　その理由は、ひらめきを与えてくれるアストラル・ライトのレベルは、日常接しているレベルよりも高いところにあるからです。思い出すためには、再びそのレベルに接触するしかないのです。

## スペース・クリアリングはなぜ必要か

世界のどの宗教も、普段人々が接しているものより高いレベルのアストラル・ライトに触れることができるよう、儀式や礼拝を行っています。寺院は高いレベルの環境を保つためにいつも清められ、大切な儀式の前には特に念入りに行われます。

スペース・クリアリングの目的は、環境のアストラル・ライトのレベルを高く保ち、人生そのものの質を上げることです。クリアリングの知識と技術さえあれば、どこの場所であれアストラル・ライトのレベルを上げることができるのです。あなたが現代社会の平凡な生活よりも、さらに充実感のある人生を求めているのなら、環境を清める技術は大いに役に立つでしょう。

## 建物のエネルギー

建物の中で起きた出来事はエネルギーとなって、池の中に投げた石のように波紋を刻みます。そして壁、床、天井、家具、置物、植物、ペット、そして住民に刻まれるのです。建物全体の組織一目一目に刻み込まれます。強い感情やトラウマを伴うものは、もっとも強く残ります。誰かが激しい言い争いをした直後にその部屋に入っていくと、まだ残っているエネルギーをはっきりと感じ取ることができます。「まるでナイフで空気が切れそうな緊張感」とよく言いますが、口論の残像エネルギーはまるで物体のように濃厚にあたりに漂っているのです。

これらのエネルギーは、部屋の角やくぼみ、割れ目などに入り込んでよどみます。興味深いことに、角のない家に住む文化もあります。たとえば南アフリカのズールー族やアメリカ先住民などは、丸い住居に住んでいます。彼らは「角」には悪魔が住みつくと言いますが、それは低いレベルのエネルギーがたまりやすいことを意味しているのです。

西洋の社会では、大人よりも子供のほうがこのようなものに対して繊細です。彼らは暗い隅やベッドの下のスペースを怖がり、クロゼットのドアを開けたまま眠るのを嫌がります。たとえ大人でも、これはごく自然な人間の本能なのです。

あなたが建物の中でこの本を読んでいるのなら、ちょっとストップして周りを見渡してみてください。もしその部屋が建設以来ずっと掃除をしていなかったら、どのような有様になるでしょう？　ホコリとクモの巣だらけの部屋を想像してみてください。もっともひどいのは、角とくぼみ、そして割れ目のはずです。もちろんそんな場所には、誰も住んだり、仕事をしたりなどしたくないでしょう。でもエネルギーレベルでいうと、スペース・クリアリングをしていない建物はまさにそういう状態なのです。どの角も、くぼみも、割れ目も、蒸し暑くてねっとりしたエネルギーがよどんでいるのです。

どんな人でも、日々ある程度の思考のカスのようなものを撒き散らし、それは住居の中のアストラル・ライトに蓄積します。人が生活していれば、ゴミがたまり、掃除や整理整頓《せいとん》が必要になってくるのと同じです。１９９４年にフリージャーナリストのジェーン・アレキサンダーが「デイリーメイル」紙上にスペース・クリアリングについての記事を掲載し、「私たちのほとんどは、おそらく精神世界でいうゴミ捨て場のようなところに住んでいるに違いない」と形容しました。

西洋社会の家で、エネルギーが滞らないようにうまく設計されているものはほとんどありません。そもそもエネルギーの流れなどまったく気にせずに設計され、無造作に置かれた家具がさらに状況を面倒にするのです。エネルギーがどのくらい滞るかは、その場所の風水と、住民たちの日常生活によって違います。

これまで私がスペース・クリアリングを手がけた家の中には、1世紀以上もかけてたまったエネルギーの廃棄物が壁から1メートル近くも積もり、まるで糖蜜《とうみつ》のような濃厚さになっているものもありました。また建築後2年しかたっていないのに、よどんだエネルギーがそれと同じくらいの密度になっている家もありました。それは単に、そこの住民たちの精神状態のためでした。

## 物体のエネルギー

物に対してもスペース・クリアリングを行うことができます。どんな物体も、周りで起きたことのエネルギーの影響を受けています。中古品を買った場合、以前の持ち主のエネルギーがまだそれに残っているのです。よく使われたもの、長い間使われていたもの、以前の持ち主が特別大切にしていたものは、特に強いエネルギーの残像を発しています。

霊能力者が物体を手に持って、会ったこともない持ち主の情報を読み取ることを「サイコメトリー」と呼びますが、そんなことが可能なのも、物体にはエネルギーの波紋が刻まれているからなのです。また、聖人や聖職者の持ちもの、彼らが触れたものを欲しがる人が大勢いるのもそのため。映画スターやフットボールのヒーローの持ち物が引っ張りだこになるのも、そのような理由なのです。人々は、もとの持ち主のエネルギーが刻まれた物体を所有したいと願います。サインは、書いた本人の手から流れるエネルギーが移るのと同時に、エネルギーの形態が刻まれるため、筆蹟鑑定の技術がある人はそれが誰が書いたものなのか、簡単に読み取ることができます。本人の所持品の次に、サインが好まれるのはそのせいなのです。

## スペース・クリアリングの使い方

### 風水の配置を利用する

スペース・クリアリングは、中国の風水と掛け合わせて実行するとすばらしい効力があります。風水で得られる効力をさらに強力にするのです。この2つはとても相性がよく、風水の控えめな効力が、スペース・クリアリングによって、エネルギーを肌で感じられるようにしてくれます。

私にスペース・クリアリングと風水のコンサルテーションの依頼が来ると、まずはスペース・クリアリングから始めます。そして建物全体を回ってエネルギーをチェックし、それから風水の配置へと移行します。スペース・クリアリングと風水を同時に行うと非常に強力な効果があり、人生の転換期をもたらします。本書に両方の情報を入れているのは、そのためなのです。

## 行き詰まった人生をクリアリングする

人々がスペース・クリアリングを実行するきっかけの多くは、何かの問題に行き当たったときです。人生で行き詰まりを感じた場合、必ず家の中のエネルギーも滞っているものです。そこのエネルギーをクリアリングすることで、問題は解決の方向へと進み始めるのです。

知人のある女性は、借りる家を探していたのですが、数週間後にはひどく追い詰められた状況になりました。探している地域内にいい家が見つかったらそれ相応の家賃を払うつもりだったのに、これぞと思う物件が見つかるたびに、ほかの人に先を越されてしまうのです。今住んでいる家のリース契約が切れる日が迫ってきて、彼女はあせり始めました。役に立つとは思えなかったのですが、彼女は今住んでいる家のスペース・クリアリングをしてみることにしました。するとそれから24時間もたたないうちに、望んでいた条件がすべて揃《そろ》った家のリース契約書にサインをしていました。「まるで誰かがコルクの栓を抜いて、成功するエネルギーが私の人生に押し寄せてきたかのようでした」と彼女は言います。

またある事業家の女性は、こう語ってくれました。「重要な決断をくださなくてはならないのに、どうしても決めることができませんでした。あなたのアドバイスを思い出して、掃除をし、整理整頓をして家の中をスペース・クリアリングしてみたのです。そのとたんに、自分の中の迷いがきれいに溶けていくのを感じました。作業を終えるころには自分が何をしたいのかはっきり見えてきて、それに取りかかるのが待ちきれなかったほどです」。

またあるカップルは、8年間住んでいたアパートメントを買い取りたいと願っていたのに、家主はどうしても「うん」と言いませんでした。しかし、スペース・クリアリングを実行すると、翌日家主から連絡があり、売る気になったと言われたのです！　私がスペース・クリアリングを気に入っている理由の一つは、基本を教えるのが簡単なことです。誰でもそれを学び、行き詰まった人生を切り開くことができるのです。

## 繰り返す問題をクリアリングする

もう一つ、スペース・クリアリングが効果的なのは、同じ問題が繰り返される場合です。家族間、あるいは配偶者といつも同じことで口論しているとします。スペース・クリアリングは口論の原因そのものを解決してはくれませんが、あなたに新しい視点を与えて、問題に終止符を打つ助けをしてくれるでしょう。

娘と何年も音信不通になっているという女性がいました。私が彼女のアパートメントでスペース・クリアリングを行っている最中に、その娘から突然電話がかかってきて、2人は会う約束をしたのです。今では彼女たちは、以前のように仲のいい母と娘の関係を取り戻すことができました。

またある別の女性には、物事が自分の思い通りにいかないと何週間も行方をくらましてしまう夫がいました。そんな生活が何年も続き、彼女は疲れきっていました。また同じことが起きたとき、彼女は家のスペース・クリアリングを、特に人間関係の部分（第十八章の風水定位盤参照）を念入りに行いました。その数時間後、結婚してから初めて彼が電話で謝罪をしてきて、問題を話し合いました。1年後、彼女から電話で報告がありました。「あれ以来、夫は家を飛び出したことは一度もありません。私たちはきちんと問題を話し合って解決するようになりました。スペース・クリアリングが私の結婚生活を救ってくれたと信じています」。

## 残留しているエネルギーをクリアリングする

残留しているエネルギーのために、歴史は繰り返されるのです。もしかするとあなたのエネルギーではなく、前にそこに住んでいた人のエネルギーが滞ってあなたに影響を与えているのかもしれません。たとえば、あなたの前の住民が離婚しているのなら、そのさらに前に住んでいたカップルも離婚していた可能性はとても高いのです。そして残留しているエネルギーのために、あなた自身も同じような夫婦間の問題を抱えてしまいがちになります。あなたが引っ越したとたんに体重が増え始めたら、前の住民は太っていたのかどうか調べてみましょう。突然睡眠時間が長くなったら、以前の住民はたくさん眠る人だったのかもしれません。残留エネルギーはさまざまな形で人に影響を与えます。それを読み取る方法を知らなければ、想像もしない分野で影響することもあります。

スペース・クリアリングはこれらの残留エネルギーを一掃し、あなたに新しいスタートを切らせてくれます。住んでいる場所をスペース・クリアリングして清めることはいつでも大切ですが、引っ越す前にあらかじめできたら理想的です。後ほど第十一章、第十二章でその方法をお教えしましょう。

## ヒーリングのために

ロシアの病院に入院すると、必ず最初に浣腸をされるそうです。この国の医療関係者は、腸の通りをよくしておくと自然治癒《ちゆ》力が上がることをよく知っているからです。スペース・クリアリングではこれをもう一段階進めます。病人が回復するときに排出するエネルギーは、その部屋にたまっていくものなのです。

スペース・クリアリングをすることにより、ヒーリング能力が高まるだけでなく、気持ちの落ち込み、悲しみを和らげることもできます。小さな症状から深刻な病気まで、さまざまな健康の問題が解決したという報告が私のもとには寄せられています。

あるカップルは、こんな話を伝えてきました。「午後6時、私たちはくしゃみをして熱っぽく、喉《のど》も痛くてインフルエンザにやられたことがわかりました。アパートメントでスペース・クリアリングを実行し、すぐにベッドに入ると赤ん坊のようにぐっすりと眠りました。朝起きると、すっかり気分がよくなっていたのです！」。

またある男性からは、こんな話を聞きました。「何年もうつ状態で、何をやってもだめでした。友達が来て、スペース・クリアリングをするのを手伝ってくれました。すると私のエネルギーレベルは、驚くほどアップしました。今では、再就職して、人生を楽しんでいます。また少し気分が落ち込んでくると、必ずスペース・クリアリングをしています」。

病気を治したい人は、第六章のステップ3を特に念入りに読んでください。

## 病み上がりには

病気から回復したら、必ずシーツ類を洗濯し、寝込んでいた部屋を掃除して、エネルギーをリフレッシュさせるために住居全体をスペース・クリアリングしてください。

スペース・クリアリングチームが世界中の病院を定期的に訪問することができたら、というのが私の大きな夢です。ひっきりなしに病人や死人が出る病室には、どれほどのエネルギーが排出されて積もっているか想像できますか？ それがどれほど回復を妨げているか、想像してみたことがあるでしょうか？ そこに行った時点であなたはすでにかなり弱っているし、どうなるのか不安な気持ちでいるはずです。恐れる気持ちは、辺りに漂うネガティブなエネルギーにとって招待状も同然。あなたはもともと病気の上に、前にそこを訪れた病人たちの残留エネルギーまで背負うはめになるのです。

現在、私は病人を部屋から出さずにスペース・クリアリングを実行する方法を研究中です。障害の一つは、ベッドもクリアリングする必要があり、上に人が寝たまま行うのは難しいこと。でも幸いなことに、私のワークショップに参加する医師や看護人の数は増えつつあり、すでにスペース・クリアリングが実行されている病院もあります。個室の場合は患者と患者の入れ替えの合間に行い、大部屋の場合でも、作業中に患者全員が部屋から出ることが可能な場合は実行されています。そして実際にスペース・クリアリングを行った病院から、その効力の報告がたくさん来ています。

## 誰かが亡くなった場合

アメリカのワシントン州では、ある家で自殺者が出た場合、売りに出すときにその事実を公表する義務があります。アメリカ先住民の部族によっては、死者が出た家ではもう暮らすことができないとする文化もあります。誰かが亡くなった場所で暮らすことに、居心地の悪さを感じる国民は決して珍しくありません。

殺人事件でもない限り、問題は死そのものではありません。死はナチュラルなプロセスです。肉体の生活を終えてエネルギー体に移行するだけであり、死に方を学ぶのは大切なことでもあります。たいていの場合問題となるのは、誰かが亡くなったことにより引き出される嘆き、悲しみです。これらのエネルギーを取り払って人生を続けていくために、スペース・クリアリングは非常に効果的です。

## 人生で欲しいものを宣言する

スペース・クリアリングは成長する力を与えてくれます。それはあなたの創造力、財産、技術など、どのようなことにも応用できるのです。スペース・クリアリングをすることで、あなたが人生に何を求めているのかを宣言することがずっと簡単になるでしょう。家のエネルギーをクリアリングすると、あなた自身のエネルギー（オーラ）もよりはっきりとします。あなたから宇宙に発する欲求が、これまでになく明確になるからです。何か新しいことが起きる余白を作ったので、天があなたの欲しいもので埋めてくれるのです。

スペース・クリアリングの効力にずっと疑いの気持ちを持っていたある男性は、「うちでスペース・クリアリングをした1週間後、新しい恋人が見つかり、しかもシンガポールから経費はすべてあちら負担という新しい仕事の依頼が来ました」と語りました。スペース・クリアリングをすると、人生に何か不思議なことが起きることを、たくさんの人が体験しているのです。

## 魂の成長を促す

私たちは、変化の多い時代に生きています。整理整頓が得意で、柔軟性のある人ほど、時代の流れにすばやくついていくことができるのです。スペース・クリアリングをすると、過去を清算して今を生きることができます。家のエネルギー層をきれいにしておくことにより、魂の成長に最高の環境を作ることができるのです。私個人は、自分の人生に変化を求めるときに、スペース・クリアリングを実行することがよくあります。

## バイタリティをつける

スペース・クリアリングは、カウチポテト症候群（座っておやつを食べながらテレビばかり見ているテレビ依存者）や疲労感、脱力感などにとても効果的です。また、病気から回復中の人にも、絶大な効果があります。

環境のエネルギーをきれいにすると、あなた自身のエネルギーフィールドに直接影響を与えます。入るとなぜか疲れがどっと出るという部屋があるのなら、特にそこを念入りにクリアリングしてください。ベッドルームのスペース・クリアリングを行うと、ぐっすりと眠れるようになります。また電磁波に長時間さらされてエネルギーを浪費していないかどうかも、チェックしてください（第十四章、第十五章参照）。

## セックスライフを向上させる

セックスとは2人の人間の間でエネルギーを交換し合うことです。ですからエネルギーをきれいに保った場所でセックスをすることは、2人の関係をより向上させます。あなたが以前の恋人と暮らした場所で、新しい恋愛をスタートさせるのなら、そこをクリアリングしておくことは特に大切なことです。スペース・クリアリングを行って前の恋人との古いエネルギーを一掃し、新しい情熱を燃やしてください！

## 特別な場所にする

家の中で、特別に瞑想、祈り、ヒーリングのようなことに使いたい部屋があるのなら、最初にスペース・クリアリングを行ってから、好ましい環境を作ってください。スペース・クリアリングをすることにより、その部屋はエネルギーがピカピカと光って明るい感じになるはずです。

## 雰囲気を変える

時には、場所の雰囲気を変えるためにスペース・クリアリングを行うこともあります。誰かと喧嘩《けんか》をした後、不愉快な来客があった後、いなくなった滞在客の波動をクリアリングし、再び自分の波動で満たしたい場合、あるいはごく単純に気分転換のためでもかまいません。

## 居心地をよくする

スペース・クリアリングをすると、家が以前より「落ち着く」あるいは安全に感じるという報告がよくあります。時には、10年も住んでいるのに、スペース・クリアリングを行ってようやく自分の家という気分になったというケースもありました。

## 旅行者のために

あなたが泊まるホテルの部屋をスペース・クリアリングして、雰囲気を変えることもできます。前の滞在客の残留エネルギーをきれいにすることにより、どこに行っても自宅のように落ち着けるし、睡眠の質も向上するでしょう。

## セラピストのために

私自身何年もセラピストとして仕事をしてわかったことは、セラピストは他人を癒《いや》すことができないということでした。人は自分で自分を癒すのです。セラピストができることは、患者が落ち着いて自分を癒すことができる場所を与えてあげること。そして自分の技術を使って、患者のヒーリングプロセスの手助けをすることです。

セラピストとして仕事をしていた当時、一つ気がついたのは、同僚たちは定期的にセラピスト特有の燃え尽き症候群にかかるのに、私にはそれが一度も起きなかったことでした。その違いが出たのは、スペース・クリアリングのおかげだと思います。あなたがセラピストの仕事をしているのなら、カウンセリング用の部屋を定期的にスペース・クリアリングすることにより、患者は心の安らぎを覚えることができるようになります。彼らの回復も早くなるし、あなたも患者の抱えてきた問題を自分のことのように背負いこまなくなるので、燃え尽きることがなくなるのです。

自宅でセラピーやヒーリングを行っているのなら、スペース・クリアリングはさらに大切です。作業を行う部屋はできれば専用に作り、シーツ類やタオル類も専用のものを用意してください。そして患者がセラピーやヒーリングを行っている場所で眠るのは避けましょう。

診療所やヒーリングセンターも、人々が回復する過程で落としていったエネルギーの残骸《ざんがい》を一掃するために定期的なスペース・クリアリングが必要です。これは患者のためでもあり、医療専門家側のためでもあります。

## ワークショップの講師のために

私がこれまでワークショップを開催した場所で、スペース・クリアリングが必要ではなかったのは、１か所だけでした。ロンドンのピカデリーにあるセントジェームス教会の会議室です。そこの自然なエネルギーの流れと、過去に行われた質の良いワークショップのおかげで、その空間はとても気持ちのいいものになっていました。それ以外の場所では、私は必ず１時間は早く着くようにして、事前にスペース・クリアリングを行います。

今ではこれを実行するワークショップの講師はたくさんいます。一度実行してみると、やらずにはいられなくなるのです。部屋の雰囲気が明るくなり、エネルギーレベルが上がり、生徒は集中力が上がり、こちらからの情報もより明確に伝わります。そして全員が、前よりエネルギッシュになった気分でワークショップを終えることができるのです。

## 職場の能率を上げる

スペース・クリアリングをすることで、職場の調和が生まれて仕事の能率も上がります。あるビジネス経営者がスペース・クリアリングをしてみたところ、「雰囲気が明るくなったとみんなが言います。今ではみんなが職場に来るのを以前より楽しむようになりました」と報告してきました。

役員会議のような大切な会議の前に、スペース・クリアリングを行う経営者もいます。不必要にもめることなく、全員にとってベストな方向にものごとが進みやすくなったと感じるとのことでした。

また定期的にスペース・クリアリングを行うことで、コンピューターなど事務機材から発せられる電磁波による汚染レベルを下げることもできます。

## ビジネスの収益を上げる

売上高が下がり始めたら、スペース・クリアリングをしてみてください。空間をリフレッシュさせることは、ビジネスに直接影響を与えます。

私がオーストラリアのシドニーで初めてこのワークショップを開いたとき、2日後に受講者の一人から電話がかかってきました。店の経営者であるその女性は、「日曜日にワークショップを終えたあと、すぐに帰ってお店のスペース・クリアリングをやってみました。普通は月曜日に商品が売れることはほとんどないのですが、午後4時までに普段の2倍、午後5時までには3倍の売り上げがあったのです！」と話してくれました。

もちろん、このような劇的な奇跡が誰にでも起きるわけではありません。でもほとんどの人が、状況の改善を体験しています。ロンドンのある会社は、ビジネスが思わしくなく、スペース・クリアリングを実行しました。その1か月後、彼らが私に、注文にとても応じきれないので、かかってくる電話をどうにかして止める方法はないか、と連絡をしてきたのです。今では年に何度か、定期的にスペース・クリアリングを依頼してくる会社もあります。

## 幸運のために

何かがうまくいくときは、まるで波の上に乗って楽に運ばれていくかのようです。でも私は「不運」と「幸運」というものを信じてはいません。私たちは、自分で現実を作り上げていくと思っています。でもいったん波に乗りそびれると、何をやってもうまくいかないという気分になることもあります。そんなときでも、スペース・クリアリングをすることにより、新たなスタートを切って、再び宇宙のエネルギーの流れに乗ることができるようになるのです。

スペース・クリアリングの効力はいろいろなところでまた新たな発見があり、ここにあげたのはほんの一部にすぎません。

次の章では、スペース・クリアリングの最初のステップを説明していきます。それは、ガラクタを片付けることから始まります。私が教えるワークショップでは、いつもこの部分がもっとも人気があります。これは、スペース・クリアリングにも、風水にも、欠かせないとても大切なことです。

# 第五章 ガラクタをやっつける

スペース・クリアリングはまず、あなたが今までためてきたガラクタを整理することから始まります。家の中を、徹底的に大掃除するのです。この部分をきちんとやればやるほど、本書に書いてある効果はより強力に現れます。

## ガラクタは滞ったエネルギー

ガラクタがあなたの人生に与える影響を甘く見てはいけません。進路に行き詰まっていると告白する人は、必ずといってよいほど家にガラクタがたまっているのです。ガラクタは、エネルギーが滞るとたまってくるものです。

健康的なエネルギーは常に動いています。よどんでいる水を想像してみてください。しばらくすると濁って、いやな匂いを発するようになるでしょう。人がガラクタに埋もれて暮らすのも、エネルギーレベルでこれと同じようなことになるのです。私がこの仕事をするようになった当初、雰囲気を感じ取るだけではなく、嗅覚《きゅうかく》、聴覚なども磨きました。誰かの家に入ると、ガラクタがタンスの中やベッドの下に隠してあっても、匂いでわかるようになりました。ちょっとかび臭《くさ》いような、腐臭《ふしゅう》がするからです。

ガラクタに埋もれている人は、片付けるエネルギーなどとてもないと言います。いつも疲れが取れないのです。それは、所持品は持ち主とエネルギーレベルでつながっているからにほかなりません。ガラクタに囲まれて暮らしている人は、体に鉄のボールを鎖でつながれているように、どこに行くにも過去を引きずって歩いていることになります。これでは疲れるのも当たり前です。

ガラクタをきれいにすると、体から大量のエネルギーが放出されます。本当に必要ではなかったもの、大切ではないものを処分することによって、体も心も、そして魂も実際に軽くなったように感じるのです。自分の周りが清涼なもので囲まれると、あなたの人生も清涼になります。今現在を生きて、自然の流れに沿って動くことができるようになります。物質的にあまり豊かではない文明が高い精神文化を有しがちで、物があふれている文明では精神文化が失われてしまうことが多いのは、そのためです。

人々がガラクタをためこむのは、自分の生きている証《あかし》が欲しいと潜在的に思っているからです。人生を変化させ成長したいと願っていても、潜在意識は未知のところへ踏み込むのを怖がっています。ガラクタがたくさんたまるのは、ある意味ではそれがあなたにとって必要だから。なぜ必要なのかを理解することが、ガラクタを処分して、もうためない生活へと移行する助けになるのです。

私の人生でこれまで2回、所持品をすべて処分してゼロからやり直したことがあります。どちらのときも、ものすごく勇気がいりました。でも同時に、ものすごく新鮮な気持ちになり、それが人生の転機となったのです。あるイギリス人の女性は私のワークショップを受講したあと、家に帰って洋服ダンスの中にたった5点を残して、あとはすべて処分してしまいました。古ぼけたステレオも、山積みになっていたガラクタも処分したのです。この作業により、滞っていたエネルギーを解放して人生に新しいものが入ってくるスペースを作りました。その1週間後、突然彼女はおかあさんから郵便で7000ドルの小切手を受け取りました。そのお金で、すてきな洋服や新しいサウンドシステムなど、欲しかったものを買ったのです。小切手はまったく予想していなかったもので、その前におかあさんからお小遣いをもらったのは10年前のことだったそうです。ここまで極端なやり方はみんなにお勧めはしませんが、彼女にはよい結果がもたらされたのです。

もう一人のある女性は、こんな手紙をくれました。「あなたがお帰りになったのは2時でした。私は昼食もまだすませていませんでしたが、それから夜中の12時までかけて、アドバイスにしたがってアパートの中を片付けて、風水による家具の配置も実行しました。体にエネルギーが満ちあふれてくるようで、今まで手をつけることのできなかったガラクタもすべてきれいに処分しました」。

デニス・リンは、彼女が1対1でのセラピーを行っていた当時のすばらしい経験談を教えてくれました。ある日患者の一人から電話があり、自殺したいと言ってきたそうです。彼女はちょうど別の患者とのセッションの最中で、とても大事な部分に差し掛かっていたところでした。そこでデニスは電話の若者に、優しく、でもはっきりと「今は話ができないの。引き出し2つ分の中身をきれいにして、それからまた電話をください」と告げたのです。相手がどんな反応をしたか、想像できますか？　おそらく相手は、デニスがよく聞こえなかったのか、あるいはこちらの深刻さを理解していないと思ったに違いありません。でも実際には、彼女にはきちんと聞こえていたし、状況もわかっていたのです。若者が引き出しをきれいにして1時間後に電話をかけてきたときには、すでに思いつめた気持ちはなくなり、自分で解決策を見つけていました。

ガラクタを処理することには、偉大なセラピー効果があります。物質のガラクタを整理すると、同時に精神のガラクタも整理することになるからです。外観は内面を表し、その逆もまた真なり。ガラクタを整理することは、人生の目的をはっきり宣言するのに最高の方法であり、本当の生きる喜びを味わうためには不可欠なことなのです。喜びを味わうことは、体の中にエネルギーの流れを感じること。流れが滞っていては、感じることができません。

大多数の人にとって、ガラクタの問題が浮上するのは引っ越しのときです。引っ越しがあれほどくたびれるのは、持っていくものと、いかないものを選り分《え》けながら荷造りをするためです。物体一つひとつの思い出、精神的なつながりを再確認することになり、ひどく消耗するのです。私はいつも、明日引っ越すことになったら捨てることになるのはゴミ袋1個2個ではすまないのだから、今のうちに整理してしまおうと考えることにしています。

　私に風水のコンサルテーションの依頼をしてくる人は、家のエネルギーの流れをよりよくする方法を聞いてきます。私の与えるもっとも有益なアドバイスは、一緒に家の中を回りながら「これを処分してください」「あれも処分してください」ということです。ガラクタがなくならない限り風水の効果もフルパワーでは望めず、私に払うコンサルテーション料金に見合う結果を得ることはできません。さらに悪いのは、ガラクタだらけの家に鏡だのクリスタルだのを持ち込んで風水を当てはめようとすると、問題を増幅させることすらあるのです。

　ワークショップを受講したある女性が、私に自宅のスペース・クリアリングの依頼をしてきました。私が来る前にガラクタの処理をしようと、彼女は意図的に予約をかなり先に入れました。彼女は実に丁寧にその仕事をしたために、私が行ったときにはほとんどやることがありませんでした。スペース・クリアリングによって家の中の空気がピカピカに輝いていたのです。

その一方、ガラクタに取り囲まれて身動きのとれなくなった人たちもいます。彼らが片付けるまで風水を実行するのを待っていたら、永久に待つことになってしまいます。このような人たちには専門家が、ガラクタとはどのような影響を人に与えるのかという指摘をしてあげなければなりません。そうすることで、ようやくやる気が湧《わ》いてくるのです。

## 「万が一の場合」にとっておく

中には何がガラクタなのか、混乱する人もいます。私のガラクタの定義は、「あなたの人生に何の役にもたっていないため、エネルギーを滞らせているもの」です。人はよく、「万が一の場合」に何かを取っておこうとします。その意味を突きつめると、「万が一、二度とこのようなものを買うことができなくなった場合」ということです。

こういった「万が一の場合」のものをためこむと、潜在意識に万が一の事態の準備をせよと指令を出すことになります。そして潜在意識は忠実に、あなたが「ほら、やっぱり！」と言えるような状況を作り出すのです。つまり、このような「万が一」のものをたくさんためこむことにより、あなたは「宇宙は必要なときに必要なものを与えてくれないだろう」という不信感に満ちたメッセージを発し続けていることになります。そしていつも未来の心配ばかりしているのです。

## 整理整頓

私があまりに熱心にガラクタ整理を提唱しているので、私は異常なきれい好きで、まるで禅寺のような簡素な環境で暮らしているに違いないと思う人もいます。私と同居した経験のある人がそんな話を耳にしたら、床を転げまわって大笑いするに違いありません。私は蟹座《かにざ》の生まれなので、元の性格はためこみ型です。でもガラクタを整理して生活しているとものごとがスムーズに運んでいくことを体験として知ったので、その方法を努力して学んだのです。

ガラクタをためこむのは、散らかし放題とはまた違います。私はいったん何かのプロジェクトにとりかかると、部屋中に紙類などを広げます。そして終わるとすべてをしまって、翌日またフレッシュなスタートを切るのです。あなたにはどんなやり方があっているのか、自分で試してみてください。私には、あまりにも整然《せいぜん》としすぎている部屋は向いていません。創造力が湧いてこないのです。でも整理整頓がされておらず、ガラクタが周りにあると、創造力は完全にブロックされてしまいます。何かを使い終わったら、すぐにもとの場所に戻す。そうすることで、次の新しいことがはじまるスペースができるのです。

## 春の大掃除

「清潔さは信心深さに通じる」という古い格言を知っていますか？ 本書が主張しているのは、あなたの部屋が汚れていると、あなたのエネルギーフィールド（オーラ）も汚れている、というシンプルな事実です。家の掃除はするけれど、ベッドの下や戸棚の上、タンスの裏、洗面所のキャビネットの中などを汚いままにしておくと、あなたのエネルギーフィールドもいつもどこかがにごっていることになります。冷蔵庫の中身、ガスレンジの周辺の油汚れなども、注意しなくてはならない場所です。

一日使って、エクササイズのつもりで普段は表面しか拭《ふ》かないところを、徹底的に掃除してみましょう。たとえばテレビ、コンピューター、カセットプレイヤーなどです。これらの家電には、必ずホコリやゴミが積もっている部分があります。古い歯ブラシ、雑巾、専用の洗浄液（コンピューターショップで売っています）などを使って、きれいにしてください。瞑想をするようなつもりで、やりましょう。愛情をこめてやるのです。いやな仕事だと思ってやるのではなく、あなた自身を磨くのだと思ってやってください。どれほど気持ちがいいか、体験してみて驚くでしょう。

お産の前に、家の大掃除をしたくなる女性は多いものです。新しい子供のために、ピュアな空間を作るためです。これは本能的なもの。西洋社会では、伝統的に春に家の大掃除をしてエネルギーをリフレッシュさせてきました。いつも家の中をこんな状態に保つことができたら、どれほどバイタリティが湧いてくることでしょう！　時間も、やる気もあまりないという人は、自分で実行する必要はありません。世の中にはお掃除大好きという人もいるのです。あなたの得意なことと交換で友達にやってもらうか、プロの掃除人に頼んでやってもらってもいいでしょう。

初めてスペース・クリアリングを実行するのは、春の大掃除のあとが最適です。その状態を保つことができれば、すばらしい結果を得ることができるでしょう。

## いらないものをどうするか

処分してしまう。この言葉に、恐怖を覚える人もいます。「でもジェーンおばさんが遊びに来たときに、いただいたあの高価な置物が暖炉の上に乗っていなかったらどうなるの？」。でも、そもそも誰の暖炉なのでしょう？　誰の人生なのでしょう？　その置物を気に入っているのならかまいません。でも義務感にかられて保持しているだけならば、あなたは自分のエネルギーを浪費しています。部屋の中に入ってそれを目にしたとたんに、エネルギーレベルが下がります。一方、好きなものに囲まれると、気分がウキウキしてエネルギーレベルが上がるのです。しかし、「隠してしまえば問題解決」などと思ってはいけません。クロゼットの中にしまっておいて、ジェーンおばさんが来たときだけ出しておけばいいなどというわけにはいかないのです。あなたの潜在意識は、まだそこにジェーンおばさんの置物が存在していることをちゃんと覚えているのですから。そのようなものに囲まれていると、あなたのエネルギーのネットワークはザルのように穴だらけになり、バイタリティがどんどん流れ出ていってしまうのです。

プレゼントについては、こう考えてはいかがでしょう。あなたがあげる場合は、愛情をこめてあげて、それを解放してあげましょう。その後それを受け取り主がどうしようとも、好きなようにさせてあげるのです。まっすぐゴミ箱行きになることが、相手にとって最善ならばそれでいいではありませんか。受け取り主が別な人にあげても、かまわないのです(いらないものを無理にとっておいてほしいとは、あなただって思わないですよね?)。他の人に自由を与えることにより、あなた自身ももっと自由な考えができるようになるのです。

## あなたの家のガラクタゾーン

あなたの家のどの部分にガラクタがたまっていますか? 地下にたまっているガラクタは、あなたの潜在意識がきちんと向き合おうとしていない問題に影響を与えています。屋根裏にたまったガラクタは、向上心に悪影響があります。あなたに影響を与えずにガラクタをためておける場所などないのです。家から出して庭の小屋に積み重ねても、あるいは倉庫を借りても、人生への影響はなくなることはありません。ガラクタはあなた自身が責任をもって、きちんと処分するよりほかないのです。

## ガラクタ部屋

本書の後のほうに、風水の定位盤が出てきます（第十八章参照）。これはあなたの家のどの部分が、人生のどの部分に影響を与えているかという配置表です。たとえば恋愛関係をつかさどる場所、職業、財産をつかさどる場所などそれぞれあるのです。家の中にガラクタをためている部屋があれば、その位置に象徴されるあなたの人生の側面に影響があるでしょう。

私の顧客の一人は、幸運を招く方位にガラクタをためこんでいました。彼女は優秀なセラピストでしたが、生計をたてていくほどの収入がありませんでした。しかし、そこをきれいにして元気な植物の植木鉢を置いてみると、彼女の収入は劇的に増えたのです。

もう一人の女性は、恋愛の部分にガラクタがたまっていて、出会う男性は問題を抱えた人ばかりでした。彼女はその部分をきれいにして、ようやく長期間落ち着いて付き合うことのできる相手にめぐり合ったのです。

あなたの人生の中で、どうもうまくいかないという部分があれば、家の中のそれを象徴する部分にガラクタがたまってはいないかどうか、チェックしてみてください。

## 正面玄関

ここは、すっかりきれいにしておきましょう。正面玄関は、出ていくときはあなたの社会へのアプローチを象徴し、入ってくるときはあなたの自分の人生に対する姿勢を象徴しています。

ドアを開けて最初に目に入るものがガラクタの山だったら、敷居をまたぐ前にすでにエネルギーレベルが下がってしまいます。玄関の狭いスペースに、コートをかけたり靴を重ねたりするのが好きな人もいます。でもこれは、お勧めできません。あるいは出かけるときに忘れないように、入り口付近に置いたものをいつもまたいで歩いている人もいます。これは自分で問題を作っているようなものなのです。

環境問題に興味のある人は、リサイクル用の新聞、雑誌、缶、ペットボトルなどをいつも入り口の横に積んでおくことがよくあります。大切な位置にそのようなものを置いておくことで、あなたはいつも（意識的、無意識的にかかわらず）人生は過去のリサイクルだと主張していることになるのです。アイディア、問題、病気、恋愛など、すべてにおいて過去から学ぶことができないのです。リサイクルは大事なことですが、家に帰ってきて最初に目にするべきものではありません。

## ドアの裏

きちんと全部開けることのできないドアは、エネルギーの流れを妨げます。ドアの後ろにガラクタが積んであるために、ようやく一人が通り抜ける隙間《すきま》分しか開けることができない家に行ったことがあります。ドアの開閉を妨げているものは、すべて取り除いてください。ドアの裏にかけてある洋服類も、すべてです。

## 廊下

廊下はあなたの家の動脈です。廊下に置いてあるガラクタは、生命力をもたらすエネルギーの流れを妨げて、人生に障害をもたらします。廊下、通路はすべてすっきりとさせておきましょう。

## 床の上

ガラクタをすべて処分できないのなら、せめて床から拾い上げてください。うつ気味の人のほとんどは、床にガラクタを散らかしています。これらはエネルギーのレベルを引き下げるのです。

## ベッドの下

ベッドの下にガラクタを押し込めてしまうと、眠りの質に悪影響を与えます。下が引き出しになっているベッドなら、入れるのはきれいなシーツ類くらいにしてください。本当に良質の睡眠を取りたかったら、ベッドの下には何も置かないことが一番です。

## タンスの上

タンスの上にガラクタが積み重なっているのは、いずれ直面しなくてはならない問題が山積みになっているのと同じこと。あなたがはっきりした頭でものごとを明晰《めいせき》に判断する妨げとなります。寝室のタンスの上にガラクタを積んでいるのなら、睡眠の質にも影響します。朝起きて最初に目に入るものが積まれたガラクタだと、寝覚めがすっきりとしません。視線より上にガラクタを積んでいる人は、常に圧迫感を覚えます。それが原因で、頭痛に悩まされることもあるのです。

## クロゼットの中をきれいにする

もう着ることはないのに、「万が一のため」にとってある服はありませんか？　私のワークショップを受講したある女性は、こんな話をしてくれました。彼女の夫が失業したとき、2人で彼女のために上等なスーツを2着買いに行きました。「万が一」もう彼らがこんな服を買う経済力がなくなったときのためでした。それから2年過ぎましたが、彼女はどちらのスーツにも一度も袖を通したことはありません。あれはお金の無駄遣いだったと今では彼女はわかったのです。

20年も着ていない服をまだ保管している人もいます。いずれはまた流行が戻ってくるだろう、というわけです。でも私のアドバイスは、昨年まったく着なかったもの、特に2、3年着ていないものは処分するべきです。捨てる、売る、交換する、燃やす、あげる、どうなりともお好きなように。一年の四季を経て、次の季節が来ても着る気が起きなかった服は、すでに役割が終わっているのです。まして2度、3度と季節がめぐってきても袖を通すことのなかった服は、完全にもう手放すときが来ています。

これらの服がもう用済みなのはなぜなのか、ご説明しましょう。家の壁を飾るのと同じように、私たちは自分のそのときのエネルギーの波動に合った色、生地、デザインの服を選びます。そして人には、さまざまな色の時期があるのです。しばらく前、私の持ち服のほとんどが紫ずくめになったことがあります。私に会いにバリ島に来た友達が、干してある洗濯物の色で私の家を探し当てたほどでした！　当時の私は紫の持つエネルギーを蓄《たくわ》えているところでした。紫には、自分の力を修復して成功を呼び込む作用があるのです。すっかりこの色を自分の中に取り込んだ今では、ほとんどこれらの服を身につけることはありません。

ほとんどの人は、タンスの中に、買ってから一度着たきりというものがあるのではないでしょうか。たとえばあなたがある日ショッピングに行って、オレンジ地に紫の水玉模様の服に目をとめたとします。試着してみると、すばらしく似合ったので（あなたの目にはそう見えたのです）買って帰りました。実はその日たまたまあなたは精神状態が不安定で、オーラの色もオレンジに紫の水玉状態、あるいは似たような色合いになっていたため、似合うように感じたのです。でも次の日、精神が落ち着くとオーラの色も元に戻り、服も似合わないように感じます（もともと誰にも似合わない服だったのです！）。再びあの気分が戻ってくるのを待っているのですが、（幸いなことに）あれはあのときだけのことでした。大切なのは、精神状態が良くないときに、ショッピングに出かけないことです。憂さ晴らしのショッピングは、必ず二度と着ないものを衝動買いするはめになるでしょう。

きつくて着ることができなくなった服を、再び痩《や》せる日までと大事に取っておく人もいます。でもその望みが実現することは、ほとんどありません。もしあなたもその一人なら、デニス・リンのアドバイスを受け入れてください。これまで私が大勢の人に伝えて、すばらしい反響を得たアドバイスです。もう着られなくなった服を捨てて、今のあなたの体と心を引き立ててくれるような服を買いましょう。そうすれば、どんなことが起きると思いますか？　あなたは体重が減るのです。ひねくれものの法則とでもなんとでも、好きなように呼んでください。そうなる理由は、あなたが太っていることを否定するのをやめたから。体重が減るまで待つのではなく、今のままの自分を好きになることができたためです。否定に固執していたあなたが、否定をやめると固執も消えるのです！

## 古い靴の山

さて洋服の話をしたので、靴についても触れましょう。靴はあなたの身だしなみの基礎を作り、洋服を引き立てることも、台なしにすることもできます。家の中に靴の山が積み重なっていると、見苦しいだけでなくエネルギーレベルを著しく落とします。よく履く靴はきれいに磨いてきちんと修理し、残りは処分してください。

## ハンドバッグとポケット

いつも持ち歩くハンドバッグの中に、古いレシートやまるめたティッシュ、飴《あめ》の包み紙などが入っていたら、人生が自由に発展していくわけなどあるでしょうか？　誰かがあなたのバッグを公衆の面前で引っくり返したと想像したら、恥ずかしい思いをするのではないですか？　だったら今あなたが引っくり返して、中身のガラクタを処分してしまいましょう。ポケットの中身も同じです！

## その他のガラクタゾーン

### 車の中

家の中はきれいにしたけれど、運転するときには膝《ひざ》から下はゴミで埋もれていると いう状態ならば、まだやることは残っています！　あなたの車も、一つの小さな世界です。突然誰かを乗せてあげることになったとき、散らかっているものを押しのけながら謝らなくてはならない状態になってはいませんか？　週に何回くらい、「そろそろ車をきれいにしないと」と思いますか？

そう思うたびにエネルギーレベルが下がり、結果的にはあなたが腕まくりして車をきれいにする以上のエネルギーを消費しているのです。きれいになった車に乗ることがどれほど気持ちいいか、わかっているではありませんか。自分に贈り物をするつもりで、やりましょう！

### オフィスのガラクタ

あなたの机は、紙の山に埋もれてほとんど見えない状態になってはいませんか？　もしそうならば、あなたはおそらく仕事を始める前から疲れきった気分でしょう。しまい込んだら見つけられなくなる、あるいは机の上に置いておかないとやり忘れてしまうと主張する人もいます。デクラン・トレイシーは著作『Clear Your Desk! 』の中で、イギリスの事務職員は平均すると常時40時間分以上の仕事書類を抱えていて、きちんと整理されていない書類を探すのに毎日22分ほど費やしているそうです。この22分を積み重ねると、なんと引退するまでには４００日になるのです！　きれいに片付けた机なら、いつもどこに何があるのかすぐ見つけることができます。そのほうが、ずっと能率的に仕事ができるのです。

書類と機材で埋もれた机の上で、紙１枚分の小さなスペースを使って仕事をするという人は多いものです。なんて不自由なことでしょう！　きれいな机で仕事をすると、効率も、創造力も上がります。一日の終わりに机の上をきれいにしてから立ち上がるのは、とてもいい習慣です。朝出勤して、書類が山積みになった机に向かうより、何ものっていないピカピカの机に向かうほうがずっと気分がよいものです。

世界中の会社が使用する紙を総計すると、日々２４００キロメートルの長さにもなるそうです。大切なのはそれをきちんと管理することで、そのコツはできるだけまめに、いらないものを惜しまず捨てることです。「マークス＆スペンサー」（イギリスの大手百貨店）が１９５０年代に運営簡易化を行ったとき、重要ではない書類２６００万枚を捨てて、いらなくなったファイルキャビネット１０００個を売り払ったそうです！

「インターナショナル・クリア・ユア・デスク・デイ」という日があるのを、ご存知でしょうか。毎年4月最後の金曜日とされており、机のガラクタをきれいにするための日です。これを実行するような大手企業で働いていなくても、あなた個人で実行してもかまわないのです。世界中の人たちが発する「やる気」はエネルギーになって、あなたを助けてくれるでしょう。コンピューターを使っているのなら、これを「クリア・ユア・ディスク・デイ」という名前に変更してもかまいません。データファイルを調べて、ハードディスクにあるいらなくなったファイルを削除するか、あるいはCDなどに移してしまいましょう。

やることを忘れないようにメモ、あるいは付箋《ふせん》を使う人は大勢います。しばらくすると仕事場全体がやることのリストで埋もれ、押しつぶされそうな気持ちになります。メッセージメモ類を整理して、今必要なものだけにしましょう。忘れないようにメモを残しておきたければ、あなたの手帳かカレンダーに書き込んでください。付箋をごちゃごちゃと貼っておくと、余計忘れてしまうものです。やることのリストを積み重ねておくと、あなたのエネルギーを吸い取ります。

情報を集中させましょう。私の場合、世界のどこにでも持っていくノートブックパソコン1台と、日々の仕事で使うノートが1冊あります。同じような型のノートをこれまで何冊も費やしてきました。留守電のメッセージ、大事な電話や会議での会話、教えているワークショップで使うアイディア、ちょっと面白いなと思ったこと、「やること」のリストなどを書きつけていくのです。何色か違う色のペンを使い、時々ノートをめくって、すぐに見つけたい言葉にマーカーでハイライトを引いていきます。電話番号など、大事な情報はコンピューターに入れ直します。

「ヴァージン・アトランティック」のリチャード・ブランソンも、同じようなノートを持って歩いているそうです。もちろん彼のはもっと大きくて厚く、大きな本棚に並んでいるそうですが。彼は毎週、世界中に散らばっている重役たち（80人ほどいるそうです）と連絡を取って常に現状を把握しているため、分厚い退屈なレポートなどは読む必要もなく、メモをとるノート1冊ですんでしまうのだそうです。「ボディショップ」の創立者アニタ・ロディックも、書類を最小限に抑えたオフィスの運営を実践しているし、ほかにも大勢の成功した起業家が実行しています。

机の上からガラクタを取り除くには、仕事への心構えから始まります。1930年代、「ベトレヘム鋼鉄会社」の社長をしていたチャールズ・シュワッブは、時間の管理のコンサルタント、アイヴィー・リーを雇って2週間社内に潜伏させ、事業の改善のために何が必要かと聞きました。戻ってきた報告書は、以下の3つのことに徹していました。

1　毎日「やること」のリストを制作する。

2 それを大切な順番に並べる。
3 優先順に、それを片付ける。
「コンサルタント料は今払わないでください」とアイヴィー・リーは言いました。このアドバイスは、シュワップが受け取り慣れている100ページのレポートとかけ離れたものであることがわかっていたからです。「私のアドバイスを1か月ちゃんと社内で実践させて、その値打ち分だけ支払ってください」さてその1か月後、シュワップはリーに2万5000ドルの小切手を渡したそうです。当時としては、とてつもない金額でした。彼の会社は個人経営としては世界一大きな鋼鉄会社に成長しました。シュワップはのちに、あれは人生でもっとも有益なアドバイスだったと語りました。

あなたが年収何百万ドルもある企業の重役でも、郊外に住む主婦でも、このアドバイスは同じくらい役に立ちます。1か月実行してみて、自分でその効力を確かめてください。

事務所のガラクタを片付けたとたんに、仕事の依頼がたくさん来たという話をよく耳にします。整理をするのに数日仕事を犠牲にしなくてはなりませんが、その後に補って余りあるだけの成果があるのです！ 最近の例では、あるヘッドハンターの男性が、私のワークショップを受講した後、会社の机の上をきれいにしました。その数日後、彼はずっと狙っていたのに手が届かなかった契約をものにしたのです。もう一人の男性は、机上をきれいにした後で仕事の利益が増えたため、週5日の勤務を3日に減らしても生活していけるようになったそうです。

## さまざまな種類のガラクタ

### 本

本を処分することに抵抗を覚える人は大勢います。でも古い本にしがみついていると、新しいアイディアや考え方が入ってくる余地がなくなってしまうのです。今のやり方にすっかり腰を落ち着けてしまい、あなた自身も周りを囲む本の山と同じようにかび臭い匂いを発するようになります。ですから古い本を処分する習慣をつけてください。思い切りがつかないのなら、地元の図書館に寄付をしましょう。どうしてもまた手に取りたくなったら、いつでも借りに行けばいいのです！

### 写真

写真がびっしりつまった引き出し、あるいはアルバムがありませんか？　写真はまだ新鮮なうちに楽しんでください。コラージュを作る、壁に貼る、財布に入れて持ち歩く、あるいはノートに貼る、絵葉書にして友人に送るなど。写真のエネルギーがまだ新鮮なうちに、できるだけ楽しんでしまいましょう。中には昔の恋人の写真をいつまでも保管しながら、なぜ新しい恋人が見つからないのか不思議に思っている人もいます。あるいは過去のつらかった時期を思い起こされる写真を取っておく人もいます。楽しい思い出のある写真だけを保管して、残りは処分してください。あなたの人生に、よりよい新しいものが入ってくる余裕を作るのです。

## コレクション

趣味のコレクションはガラクタに入るのかどうか、私に問い合わせてくる人もいます。それはケースバイケースです。あなたが何かを集めているとき、実は必要と感じているエネルギーを集めているのです。たとえば犬にまつわるものを集めている女性がいました。彼女の家に行くと、まず巨大な犬の置物2つに出迎えられるのです。テーブルの上にも、洋服ダンスの上にも犬の置物があります。彼女の自宅にも職場にも、視線を向けた先々には犬の絵や写真が飾ってあるのです。唯一欠けているのは、本物の犬だけでした。彼女は子供のときに犬を飼っていたのですが、とても悲しい状況で死んでしまいました。彼女はいまだにそのつらい思いを忘れることができなかったのです。コレクションの犬たちは彼女の潜在意識からのメッセージで、「これを御覧なさい。あなたに見てもらわなくては。あれは重要な出来事だったでしょう」と伝えていました。彼女が悲しみを乗り越えたとき、大きな前進をすることができるのです。

ほとんどの人は、何かをコレクションしています。それは私たちにとって、自然なことです。でもなぜあなたがそれを集めているのかを理解して、次へと進むことが大切です。あなたが蛙《かえる》の置物を収集しているのなら、蛙のほかにも人生があることを理解してください。自分で限界を作ってはいけません。心の中で、蛙でいっぱいだった日々が終わるときが来ることをわかっているはずです。どうしてもすべて処分できないのなら、本当にお気に入りのものだけ残して、あとは家の外に出しましょう！　人生に新しいものが入ってくるスペースを作るのです。

## 修理の必要なもの

家の中に修理の必要なものがあれば、それはエネルギー漏れの穴のようなものです。あなたの表層意識は、隅に置いてある脚がぐらつく椅子や、電源を入れるたびにオーバーヒートする電化製品のことなど忘れているかもしれません。でも潜在意識は覚えているのです。部屋に入ってその品物が視界に入ったとたんに、あなたのエネルギーレベルは下がるのです。

知人の女性は大きな家に住んでいて、その中にあるもののほとんどが修理の必要な状態でした。少ない収入で子育てをしている人でしたが、才能豊かな彼女なら、その気になれば自分で修理することもできるはずでした。家を尊重せずに放置していたことは、彼女が自分を尊重していないことを意味します。あなたが家の中のことをきちんとすれば、自分を大切にしていることになるのです。

家のものを修理したり改善したりするのは、自分自身への投資だと思ってください。修理するほどの値打ちがないと感じるものは、さっさと捨ててしまうか、修理してでも使ってくれる友達にあげてしまいましょう。

ドイツでは、ある特定の日に人々がいらないものを外に出しておき、使えると思った人がそれを持ち帰るという習慣があるそうです。これはすばらしいアイディアだと思いますが、イギリスでそれを実行したら罰金を払わなくてはなりません！

## 他の人のガラクタ

時には自分のガラクタはほとんどなくても、他の人のものを預かることもあります。「ニュージーランドに行っている間、この不細工なソファを預かっていてくれない？」と頼まれ、2年たったのに友達はまだ戻らず、ソファには根っこが生え始めてきました。

人のものを預かる前によく考えて、同意するのならせめてタイムリミットを決めてください。「わかったわ。でも○か月以内に戻ってこなかったら、薪《まき》にするわよ」というように、処分の仕方を前もってきちんと合意しておくのです。そうすればたとえ計画通りにいかなくても、友情が壊れてしまうことはないでしょう。

## パートナーのガラクタ

時にはガラクタがきっかけで、あなたとパートナーの間に長い間横たわっていた（長いことガラクタに埋もれていた）問題が表面化することもあります。私のワークショップを受講した人が、1か月か2か月後にはパートナーを伴って再びやってくるということは、よくあります。

# もっと深いレベルでのガラクタ退治

## コミュニケーションをクリアにする

あなたの家にガラクタがたまっていたら、心の中にもガラクタがたまっているのです。誰かとの間に、解決しなくてはならない問題がありませんか？ ちょっと考えてみてください。あなたがどこかに出かけたとします。部屋の中に入ってきた瞬間、気まずくなる相手が誰かいますか？ 2人の間に緊張感が漂っているため、部屋が狭いように感じる相手が。あなたはそんな相手のことをあまり思い出すことはないかもしれません。意識的に頭の外に追いやるようにしているかもしれませんが、潜在意識はちゃんと覚えているのです。連絡を中断させたまま放置した相手がいると、あなたのエネルギーレベルが下がります。それがベッドを共にしているような相手なら、特にコミュニケーションをクリアにして問題を解決しておきましょう。そうでなければあなたは相手と超意識のレベルで一晩中喧嘩《けんか》を続け、朝起きたときは疲労しきっているでしょう。

## 不要な友人関係を整理する

ついでですから、あなたにとって実りのない人間関係について述べましょう。話をするのに努力が必要で、話した後でぐったりと疲労感を覚える友人はいますか？　電話がかかってくると、思わず舌打ちしたくなる相手はいるでしょうか？　私が言っているのは、今たまたま大変な時期を迎えているとか、この1週間つらい状況にいた親友のことではありません。明らかにあなたにとって「賞味期間」が切れたのに、縁を切る勇気も時間も機会もないまま放置しているネガティブな相手のことです。世界には何十億人もの人がいて、あなたはその中から付き合う相手を選ぶことができるのです。心の優しい、一緒にいると元気を分けてくれる相手を選んでください。

古い、カビの生えた人間関係（あるいはカビの生えた男女関係）を整理すると、新たにすばらしい、生き生きとした交流関係が生まれるスペースが出てきます。あなたが人生に何を欲していて、何を必要としていないか、きちんと決めることができるようになるのです。いずれあなた自身のエネルギーと噛《か》み合わない無責任な人、他人のエネルギーを吸い取る吸血鬼、ネガティブな人たちとは付き合いがなくなっていきます。相手もあなたから無料でエネルギーを補給することができないとわかれば、いずれ近づいてこなくなるのです。

## 手紙を書く

書こう書こうと思いながら、まだ書いていない手紙はありませんか? 実行せずに考えてばかりいると、あなたのエネルギーレベルは低下します。長く放置しておけばおくほど、手紙を書くのは面倒になっていくでしょう。きちんと座ってその手紙を書いてしまえば、あなたは他のことに使える膨大なエネルギーを解放することになるのです。

## 先延ばしにしない

何をやるにも、その場できちんと始末をつけましょう。たとえば友人が、あなたの役に立ちそうな電話番号を知っているとします。そして明日、電話で知らせると言うのです。今日できることを、明日に先延ばしにする人がどれほど多いか、驚いてしまいます。明日、またそれを思い出さなくてはならないことに、どれほどエネルギーを浪費していることか。電話番号はその場で教えてもらってください。そうすればあなたの人生から、やらなくてはならないことが1つ減るのです！

## 常に自分を現在形にしておく

人生のすべてのことをきちんと現在形にしておけば、あなたは今を生きており、この世のエネルギーを肌で感じることができるでしょう。税金申告もきちんと期限までに片付けて、頭の片隅でやらなくてはと思っていることを終えてしまいましょう。

## 腸をきれいにする

家からガラクタを取り除くと、自然にあなたの体の中もきれいにしたくなります。漢方で腸をきれいにする方法を学ぶといいでしょう。何年も菜食主義だった人でも、やるかいはあります。腸をきれいにする必要があるのかどうか知りたければ、ひまわりの種を使ってテストをしてみてください。手のひら一盛りのひまわりの種を口の中に入れて、あまり咬《か》まないようにして飲み込んでください。さて、どのくらいで出てくるか待ってみましょう！　10時間から12時間で排泄《はいせつ》された人は、腸の動きが良好です。それよりも時間がかかった人は、宿便を取るために腸のクレンジングをお勧めします。中にはひまわりの種が出てくるまで、何日もかかる人もいるのです。

漢方の腸のクレンジングは、食生活の改善と同時に大体半年から9か月かけて行うのが一般的です。腸をきれいにすることにより、心の奥底に埋もれていた感情が表面化してくることもあるので、必ず漢方の専門家に相談して実行してください。絶対に、下剤を使用してはいけません。腸を刺激して、働きが弱くなってしまいます。腸の洗浄は、断食によって体内をきれいにするサポートとして使うことができますが、漢方で腸の中をきれいにする代用にはなりません。

## ガラクタ退治の具体的なステップ

ここまで読んで、家の中からガラクタを退治する気になっていたら理想的です！ 家中ガラクタだらけでどこから手をつけていいのかわからないという人のために、いくつかコツをあげました。

＊自宅でこの本を読んでいるのなら、この章が終わったらいったん本を置いて家の中を歩き回ってください。どこにガラクタがあるか、それをどう処分するか、頭の中で見当をつけておきます。家にいるのでなければ（あるいはあなたが怠

け者なら！）、目を閉じて、家の中を部屋から部屋へと歩いているところを想像してみましょう。どこにガラクタがあるか、わかるはずです。過去1、2年使用しておらず、心から好きなものでなければ、それは処分する時期が来ているのです。売る、交換する、捨てる、焼く、人にあげるなど、もっともよい方法で処分してください。

＊引き出し1つだけ、きれいにしてみましょう。一度に家全体、あるいは部屋全体を片付けてしまおうと無理をしてはいけません。引き出しを1つきれいにして、もし気が向いたらもう1つ手をつけてください。大多数の人は引き出し1つきれいにすると気分が良くなり、次、また次とやっていきたくなるものです。家の中の、小さな部分から始めるのです。引き出し1つきれいにするのは自分へのプレゼント、というつもりで実行しましょう。後にその効力を実感すると、もっとやりたくなるのです。ある女性は私にこう言いました。「ものを処分することが、買うことと同じくらい快感だなんて初めて知りました！」。

＊いるものといらないものを分けている間に、「これはいつか使える日が来るかしら？」と自分に聞いてはいけません。答えは必ず「もしかすると」ですから、

何も捨てることができなくなります。その代わりに、「これは私に何をしてくれるかしら？ 私のエネルギーレベルを上げるのか、あるいは目にするとエネルギーが下がるのか？」と聞いてみてください。捨てるか捨てないか、これを基準にして決めるのです。好きなものだけが置いてある家に帰ってくることは、心の栄養補給になります。あなたが好きなものは、強いエネルギーの波動に取り巻かれています。一方、欲しくなかった贈り物などの周りには好ましくないエネルギーが取り巻いていて、見るたびにあなたのエネルギーを浪費させるのです。

＊あなたがついものをためこむ性格なのであれば、「新しいものが1つ増えたら、古いものを1つ処分する」というルールを作ってください。そうすればガラクタの数は減らなくとも、少なくとも内容は変化しています！

＊ガラクタがたくさんある人ならば、何かを処分するために何度か考えなくてはならないかもしれません。中には、それが少しも役に立たないということがわかるのに丸一年かかることだってあるのです。

＊家の中のゴミ箱は必ず毎日空《から》にしてください。夜寝る前でも、朝起きたときでも、あなたのライフスタイルに合わせて決めましょう。そしていつでもゴミを捨てたくなったら捨てられるように、ゴミ箱はたくさん用意してください。

＊「捨てても大丈夫」と自分に言い聞かせてください。「万が一」のために取っておくのではなく、あなたが必要なときに必要なものが手に入ることを信頼することです。

＊所有物は、すべてあなたの注目が必要です。ガラクタがたくさんあればあるほど、あなたのエネルギーはそれらの維持のために消費されるのです。本当に大切なことにエネルギーを向けられるよう、ガラクタを処分してしまいましょう。

## ガラクタについて最後に

ある日私は、ワークショップを教える予定があってタクシーに乗りました。運転手と会話が始まり、彼は私が何を教えているのかと聞きました。「風水を使って聖なる空間を創造すること」と言って彼を混乱させるのがいやだったので、私は「ガラクタを処分すること」とだけ言いました。

「そりゃ、すごい」と彼は答えました。「ぼくも以前はガラクタをためこむ人間だったんです。でも、昨年、家の中すべてを点検して、ガラクタの半分を処分しました。家の中はすっきりしたし、頭の中もすっきりしました。ものごとがはっきり考えられるようになったんです。以前のようにしょっちゅう風邪をひくこともなくなって、健康になりました。冬はいつも気管支をやられていたのに、家の中をきれいにしてからは元気になったんです！」。

私は座ったまま、まったく予期していなかった知恵の真珠が膝の上に落ちてきたことに驚いていました。

「あれは一種の病気ですよね？」と彼は言葉を続けました。

「何かを買うときは自分で厳しく吟味《ぎんみ》して、定期的に大掃除をしないと。そうしないと、タンスの中に一生居座っているわけですから。自分でやらなきゃ、誰もやってくれませんよね？」

私の代わりに、彼がワークショップで教えるべきだわ、と私は感動していました。彼は心に直接訴えかけるような話し方をする人でした。

「そうだ」と彼は、独り言のように続けました。「今週末に、残りの半分のガラクタも処分してしまおう。もうとっくにやる時期が来ているよ」。

# 第六章　スペース・クリアリングの準備をする

注意書き
＊スペース・クリアリングを初めて実行する前に、この本の第一部の章をすべてお読みください。
＊この本の中で教えているテクニックは、家または職場での個人使用のためのものです。

## 大切な準備

きちんと準備ができていれば、結果もより効果的です。私はいつも、仕事のおよそ50%はその準備だと思っています。誠実に、きちんと手順に沿って実行すれば、スペース・クリアリングの効果はパワフルで、長持ちします。

初めてスペース・クリアリングを行う人は、前もって準備を終えておけば、いざ実行するときに新鮮なエネルギーを抱えて事に当たることができます。

この章では、スペース・クリアリングのもっとも大切なポイントを14のステップとしてリストし、第二部の章でさらに深く説明をしていきます。

## 1　恐怖心がある、またはその場所で心霊現象がある場合は行わないこと。

ここに紹介する方法は確実に安全ですが、個人が日常に使用するためのもので、お祓《はら》いを目的としたものではありません。その必要があると感じる場合は、専門のプロに相談してください。

### 自分を保護する

スペース・クリアリングを学ぶ中で、人々が最初に心配するのは、自分を保護することについてです。20年前の私がまず心配したのも、そのことでした。当時の私は必ずエネルギーのシールド（エネルギー的なバリア）を作って自分を保護していました。必要ならば、そのやり方は第七章「基本的スペース・クリアリングの手順」のステップ6に書いてあります。もっとも現在の私はそのようなことをしていませんし、あなたにもお勧めしません。その必要が、まったくないからです。自分で意識的、あるいは無意識に招待しない限り、悪いエネルギーに影響されることはないということが、ずいぶん前にわかったのです。

これをたとえて説明するなら、誰かがあなたを「バカ」と呼んだとします。あなたが自分を「バカ」だと思っているのなら、このコメントを受け入れます。あなたもそう思っているけれど、認めるのがいやな場合は怒って否定します。でもあなたが「バカ」ではないのなら、そんなコメントは泳ぐアヒルの後を流れていく水のようなもの。あなたとこの言葉の間に反応しあう要素がまったくないため、あなたは何の影響も受けないのです。

恐れ、あるいは招く気持ちは、それに対応するエネルギーを引き寄せます。あなたが何かを恐れると、自分でそれを引き寄せていることになるのです。潜在意識で、それを呼んでいることになります。犬を怖がる人に限って犬が傍《そば》にやってきたり、人々がもっとも恐れていた病気にかかったりするのは、そのためです。

ですから、自分の感覚を信頼してください。恐怖心が湧《わ》く、あるいは何かいやな感じがする場合は、あなたの本能が注意を促しているのです。自分の家、あるいは友達や親戚の家のスペース・クリアリングを実行しようとしているときに、何かしっくり来ない感じがしたら、その気持ちに注意を向けましょう。それはあなたがクリアリングをできる場所ではない、誰かの助けを借りるか、あるいは手を出さないほうがいい、ということかもしれません。もっとも、そのような感じを受ける場所はめったにありません。ほとんどの場所は問題ないでしょう。

## 「いい」エネルギー、「悪い」エネルギー

自分の家のスペース・クリアリングをすることにより、悪いエネルギーが近所に放出されるのではないか、と心配する人もいます。スペース・クリアリングの目的は、「滞っていた」エネルギーを解放して、その場所のエネルギーの波動を上げることです。「いい」エネルギー、「悪い」エネルギーということではありません。ホコリやクモの巣がもともと悪いものではなくても、家の中をきれいにしておきたいのなら望ましくないものであるのと同じことです。スペース・クリアリングは、目に見えないエネルギーの塵《ちり》を始末します。それらを解放して、有意義な活動ができるように計らうのです。動いているエネルギーは健全なエネルギーですから、滞っていたものでも動き始めたとたんに無害になるのです。

また、悲しい思い出と一緒に楽しかった思い出まで消えてしまうのではないかと心配する人もいます。でも現実には、そのようなことは起こりません。スペース・クリアリングが取り除くのは、重苦しい、波動の低いエネルギーで、悲しい思い出はこのレベルにたまります。でも高い波動を持つアップのエネルギーはそっくりそのまま残るのです。そして重石《おもし》になっていた重たいエネルギーが取り除かれたため、高い波動のエネルギーはさらに活発になるのです。

## 2　他人の場所でスペース・クリアリングを行う場合は、必ず許可を取ること。

### 公共の建物

私は公共の建物でスペース・クリアリングを行うのに、許可を取ったことはありません。これは奉仕活動だと思っているからです！　でも誰か個人の所有の場所で行うというのは、まったく別な話です。

### 個人の家

自宅でスペース・クリアリングを行うのはとても心にせまる体験で、中には感情的に反応する人もいます。それは、人生に大きな変化をもたらすからです。たとえばあなたがおばあさんの家に行って、スペース・クリアリングを実行する決心をしたとします。でも彼女から感謝されるとは限らないことを、肝に銘じてください。なぜなら、そこはもう彼女にとって、慣れ親しんだ自分の家という雰囲気ではなくなるからです。年老いた彼女に新しい人生のスタートを与えるようなもので、本人はそんなことは望んでいないかもしれません。年配の人たちは自分のやり方に固執しがちになり、本人の周りのエネルギーもちょっと重くなっています。本人に聞いてみるとほとんどの場合、「今のままが一番いいの。ありがとう」という返事が返ってくるでしょう。彼らが何らかの理由で立ち退《の》きをしなければならない場合、どれほど条件がよくても大揉《も》めに揉めるのはそのためです。彼らにしてみるとそんな面倒ごとに巻き込まれるのはごめんなのです。

私は相手に頼まれ、本人が人生に変化を望んでいる場合しか、スペース・クリアリングは他人の家で行いません。そして必ずいつも、その家のエネルギーにもっとも大きな影響を与えている人と直接話をします。夫と妻のように、2人の人間が住んでいる場所なら、どちらか一人あるいは両方一緒にコンサルテーションをします。でもたとえば息子や娘の依頼を受けても、両親に知らせることなくその家のスペース・クリアリングをすることはしません。これは私にとって、やってはいけないことなのです。誰かが家族へのプレゼントとして私のコンサルテーションを依頼してきても、決していい結果にはなりません。その当人が希望して、その場に立ち会わなければならないのです。自宅の場合でも、あなたの他に住人がいるのなら、必ずその人にも同意をもらってください。

## 特定の部屋のスペース・クリアリング

家の中の一部の部屋だけスペース・クリアリングをすることができるか、とよく聞かれることがあります。いくつかの部屋をはぶいて、他をクリアリングすることは可能です。たとえば家の中のあなた個人の部屋だけ実行しようと思えば、できるのです。あるいは一部屋だけ下宿人に貸している場合、プライバシーの侵害にならないよう、そこの部屋だけ除いてスペース・クリアリングをすることもできます。誰かが病気で、スペース・クリアリングの最中に家の外に出ていることができないような状況ならば、その部屋を一時的にはぶくこともできるし、この状況ではそうするべきです。これに関しての詳しいことは、次に紹介するステップ3に書いてあります。

とはいうものの、特殊な状況でない限り、家の中のスペース・クリアリングを一気にやって、全体のエネルギーの流れをよくするのがもっとも効果的です。

## オフィス

職場のスペース・クリアリングは、自分の個室で実行するのは構いません。でも上司など他の人が働いている部屋を、許可なく無断でクリアリングしてはいけません。大部屋の場合は、良識の範囲で行いましょう。大切なのは、自分だけの利益を目的にしてスペース・クリアリングを行ってはいけないことです。そこで働く人すべてにとって、最良の結果を願いながら実行してください。

## 3　スペース・クリアリングは、体調がよく、健康体で、精神状態がいいときに。

スペース・クリアリングを行うのは、ある程度健康体で体調がよく、精神状態もいいときでなくてはなりません。もっとも「完璧《かんぺき》」な状態になるまで待つ必要もありません。でもスペース・クリアリングを行うのは、あなたのエネルギーレベルが高いときがベストなのです。ですからなんとなく気分が悪いとか、パートナーと口論をして心が乱れているときには、落ち着くまで待ってください。

### あなたが病気の場合

あなたが病気の場合、ニワトリが先か、卵が先かという状況になります。スペース・クリアリングは体の回復を助けますが、それを実行するには体調がよくなくてはなりません。体力が落ちているときは、友達の力を借りることができれば理想的です。

もっとも、持病を抱えながら私のワークショップを受講して、自分でスペース・クリアリングを実行した人たちからはこんな意見もあります。ちょっと体調がいいと感じた日に、自分のペースで少しずつクリアリングを実行していったところ、結果は良好で、体調の回復にも役に立ったそうです。一回ごとに、できる作業も少しずつ増えていったとのことでした。スペース・クリアリングは古くなったエネルギーを清浄するので、体の回復を助けるのです。

## 誰かが病気の場合

肉体的、あるいは精神的に病んでいる人たちのエネルギーフィールドは弱っているか、あるいはおかしくなっているかのどちらかなので、スペース・クリアリングをする前にその場所から出てもらわなくてはなりません。建物の中から出ることができないほど弱っているのなら、一時的にそこの部屋だけシールドをかけて、はぶいてクリアリングすることもできます（シールドのかけかたは第七章のステップ6で述べます）。そしてそこの部屋をクリアリングするときに、別の部屋に移動してもらうのです。最後にシールドを取り除くのを忘れないでください。そうでないと、その部屋の人は自分だけ孤立した気分になってしまいます！

そこまで重病ではない人は、あなたが拍手《かしわで》を打っている間は席をはずしていたほうがいいのですが、あなたがベルを使うところから終わりまでの儀式を見ていることが回復の役に立ちます（「拍手を打つ」「ベルを使う」というのは、それぞれスペース・クリアリング中に行う儀式ですが、これらのことについては第七章で詳しく説明します）。ただ必ずあなたが何をしているのか、事前に説明してあげてください。

# 4　妊娠中、生理中、あるいは完治していない傷口があるときは行わないこと。

## 生理と出血

まず最初に、これは女性の生理が「不浄」だなどという説とはいっさい関係ないことを明記しておきます。血液に関しては、女性も男性も事情は同じです。

月のものが訪れている女性は、寺院の中に入ることが許されないという宗教はたくさんあります。フェミニストたちはこれを屈辱と受け取りますが、本当の理由を知ったら怒らなくなるでしょう。バリ島では、生理中の女性だけではなく、出血している人は男女にかかわらず寺院の中に入ってはいけないのです。

その理由の一つは、血液は低いレベルの霊を惹《ひ》きつけがちで、バリの人々はそのような霊を寺院の中に呼び込みたくないからです。ある研究によると、文明から遠く離れたジャングルの中で野生の動物に狙《ねら》われた場合、まず生理中の女性、次に出血している傷を持つ人がやられると統計が出ています。低いレベルの霊の世界でも、まったく同じことなのです。

もう一つまったく別な理由は、月に一度の体内の大掃除を実行中の女性の体では、寺院の中の波動の高いエネルギーに感応することができないからです。すべてのエネルギーは内側に向けられ、生命力もっとも弱くなっている時期です。生理中の女性の生命力が弱るのは、射精直後の男性の生命力が弱るのとまったく同じです。スペース・クリアリングは環境をきれいにする作業で、自分の体内の浄化に集中している時期の女性の体では対応することができません。以前は生理中にスペース・クリアリングをやったこともありますが、あまり成果が現れずに、実行後の疲労感はひどいものでした。今ではもう、生理中にクリアリングをすることはありません。

## 妊娠中の人

同じように、妊娠中の女性のエネルギーは体内で新しい命を生み出すため、内側に集中しています。この期間、母親に起きることはすべて胎児へと伝達されます。この期間、女性は子供を保護し、母親である自分にエネルギーを与えるため、パートナーにスペース・クリアリングを頼むとよいでしょう。古い文明では、女性は妊娠すると隔離された生活を送りました。それは出産のときだけではなく、懐妊中ずっとでした。受胎すると、これから生まれてくる新しい命に最高の環境を与えるために、集落から少し離れた丘の上に移るのです。人の一生の中でもっとも重要な形成期はおかあさんの子宮の中であることを、古代の人はわかっていたのでした。

あなたが妊娠中ならば、この本の第二部に書いてある、環境と自分を浄化する手法が役に立つことでしょう。でもスペース・クリアリングの作業、特にのちに説明する拍手《かしわで》のテクニックなどは、誰か他の人に任せたほうがいいでしょう。

## 5 人生の中でどんなことが起きてほしいのか、時間をかけて考えましょう。同居人がいるのなら、その人にも相談するのがベストです。

### 意図をはっきりさせる

あなたがスペース・クリアリングをすることによって空いた空間をどのようなもので満たしたいのか、あらかじめ考えていなくても、その効力は変わりません。しかし、何も意識しないままでは、時間がたつにつれて、いずれまた同じようなものがたまり積もってくるでしょう。

作業を開始する前に、じっくり考える時間を持つのはいいことです。それよりさらにいいのは、紙とペンを前に座って、人生をどのような方向に進めたいのか書いてみることでしょう。ポイントのみの箇条書きでも、文章にしても、どちらでもかまいません。できるだけ具体的にして、最後に「関わるすべての人たちのために、これらのこと、あるいはもっとすばらしいことが起きますように」と締めくくって日付と署名を入れます。この最後の一文は、あなたの望みにとどまらず、さらによい方向へと進む選択を宇宙に与えるため。同時に、あなた一人ではなく、周りの人すべてによい結果となることを再確認するためのものなのです。

**6 もっともよい結果を得るために、その空間を物理的にきれいにしてください。まずガラクタを整理して、床を掃き、モップや掃除機をかけましょう。**

ガラクタを整理するのはとても大切なことで、前の章はまるごとそのことについて触れています。

スペース・クリアリングを行うもっともよい時期は、大々的な春の大掃除などを終えた後です。あなたの家がとても大掃除などできない状態ならば（それはあなたの人生の今の状況でもあるのです）、せめてスペース・クリアリングの前に床を掃き、モップをかける、あるいは掃除機などをかけてください。

**掃く**

バリでは日の出から間もなくすると、あちこちからリズミカルに掃き掃除をする音が聞こえてきます。この音は不思議と耳に心地よく、眠りの妨げになりません。彼らが使っているのはココナッツの葉の芯《しん》でできた硬いほうきです。

これは島中どこでも同じです。人が暮らしている区域周辺の土地、家、建物、寺院などはすべて毎朝きれいに掃き清められ、日中も汚れるたびにきれいにされます。この文化では空間を清めることがとても大切にされているので、こうした習慣が日常に取り入れられているのも不思議ではありません。寺院の聖なる区域内では特別なほうきが使用され、各寺院にはそれぞれ掃除番がいるのです。

## 高いエネルギー、低いエネルギー

床を掃くことは、その空間にたまっている低いエネルギーをきれいにすることです。これを理解するためにまず、高いエネルギーは高い場所にたまり、低いエネルギーは低い場所にたまることを知っておいてください。世界各国のスピリチャルな文明が、高地に発達したのはそのためです。またペントハウス（高級アパートメントの最上階）に値打ちがあるのもそのためで、最上階に住む人たちは、下に住む人たちよりも高いエネルギーに接しやすいという有利な立場にいるのです。山に住む人々は一般的に楽天的で、低いエネルギーが鬱積《うっせき》しやすい谷間に住む人々よりも人生に満足しています。谷に住む人々は苦労性で、うつ状態に陥りやすい傾向があります。一般的に山の上のほうが、元気が出るのです。

建物の中でも、低いエネルギーは低い場所に、高いエネルギーは高い場所にたまります。バリ島では席順によって、そのことが表現されています。僧侶は一般人よりも必ず高い位置に座るように気配りがなされます。僧が話をするために着席したら、我々一般人は必ず僧より高い位置にならないように座らなくてはなりません。観光客がいい角度から写真を撮影しようとして、寺院の壁の上によじ登ることがありますが、彼らは僧よりも高い位置に上ってはいけないという鉄則を犯している自覚がありません。バリの人々は、観光客のこういった無知な行動に心を痛めているのです。

人間の体の場合は、低いエネルギーは足から、高いエネルギーは頭から放射されます。体に7か所あるといわれるチャクラ（ヨガ用語で、エネルギーの集結部のこと）のことを考えると、これは納得できます。チャクラには、背骨の基底部のベースチャクラから、頭のてっぺんにあるクラウンチャクラまであります。伝統的なヨガによるヒーリングや瞑想《めいそう》法では、ベースからクラウンまで上がるにしたがって、チャクラのエネルギーがより高いものになっていくと教えています。魂が高いレベルに到達した人たちは、私たちが後光と呼ぶ光を頭のてっぺんから発していて、それはどの文明の宗教でも絵の中で表現されています。バリ島では伝統的に建物がすべて平屋だったのは、誰も人の足の下に身を置くはめになりたくないからでした。

東南アジアのほとんどの国では、建物に入るときに靴を脱ぎ、寺院によっては裸足以外を禁じているところもあります。その理由は靴は地面に接して汚れていることのほかに、足から発する低いエネルギーがたまっているためです。寺院で裸足になるもう一つの理由としては、聖なるエネルギーを直接足の裏から吸収できるようにするためもあるのです。

また東洋の宗教の多くは、聖なるものに足を向けることを禁じています。特に寺院では、祭壇などに足を向けてはいけません。バリの人々は、特に足から発する低いエネルギーに敏感です。誰かに足を向けて座ることは、とても失礼なこととされています。

足のマッサージをするリフレクソロジストの人たちは、これらの情報を覚えておくと役に立ちます。西洋社会では、足のマッサージを受ける患者はリフレクソロジストの膝に足を乗せます。施術者のほとんどはそれによって体調を崩し、特に胃腸障害を起こすことがよくあります。バリ島の腕のいいフットマッサージ師は、患者を寝かせてその横に腰かけ、患者の足先の方向に体を向けます。こうして座ると足の裏から解放された低いエネルギーが施術者のおなかにたまることはありません。

## 掃除機をかける

掃除機はほうきの現代版で、同じような効果をあげることができます。あなたの部屋が、掃除が必要な状態になっているけれど、スペース・クリアリングの手順をきちんとふむだけの時間がない場合には、さっと掃除機をかけるだけでも驚くほどの効果があります。でもあまりやりすぎないでください。私の知っているある女性は、一日に何度も掃除機をかけるので、家の中の空気は皮がむけた赤肌のように繊細になっていました。そして彼女自身もひどくピリピリしていて、ちょっと選ぶ言葉を間違えるとこちらに噛《か》みつかんばかりでした！

セラピストたちは、セッションの前に掃除機をかけておくとエネルギーレベルが上がると言います。特に難しいケースのセッションを行った場合、セッションとセッションの合間に掃除機をかけるといい場合もあります。

## 7　お風呂に入るかシャワーを浴びる、それが無理ならせめて顔と手を洗うこと。

水は、物理的にもエネルギー的にも優秀なクリーナーで、清める力があります。スペース・クリアリングを始める前に、すっきりするのは大切なこと。またそのほうがエネルギーを敏感に感じ取ることができます。事前に大々的な掃除や整理整頓《せいとん》をしたら、ホコリまみれになったと感じるのは当然です。できればお風呂に入るかシャワーを浴びて、シャンプーと歯磨きもし、清潔な服に着替えましょう。そのほうが、効力もぐっとアップします。

## 8　食べ物と飲み物は戸棚の中、あるいは密封できる容器にしまうこと。

あなた自身のエネルギーが活発に動くように、スペース・クリアリング中にお水をたくさん飲むのはいいことです。しかし、スペース・クリアリングの前に注いでおいたコップの水を、クリアリングの後に飲んではいけません。以前に1度か2度、深く考えずにこれをやってしまったことがありますが、それはひどい味がしました。水には浄化の力があり、スペース・クリアリングの最中に解き放たれた、滞っていたエネルギーを自然に吸収する性質があるのです。それ以外の食べ物、飲み物（水分を含むものすべて。ただし果物はそれ自身の皮で守られています）も、放置しておくと同じことになります。戸棚の中か冷蔵庫、あるいは密封できる容器にしまってください。

## 9　体からジュエリー類など、金属をはずすこと。そして可能なら、裸足で行いましょう。

### ジュエリーについて

古代社会では、ジュエリーは装飾品ではなく、それぞれの人々が持つエネルギーフィールドを強化するために使われました。ある人が銀の波動に共鳴するエネルギーを持っていたら、銀を身につけるといった具合です。金のレベルのエネルギーを発するダンスを踊るのなら、金を身につけて、特に手や足から強く出るエネルギーを強化させました。人体には指、手首、上腕部、足首、つま先、首、耳たぶなどに繊細なツボがあります。バリの民族舞踏の衣装は、高いレベルに達した人のオーラを模しており、エジプトやインドなどでも同じようなものを表した絵が残されています。

しかし、スペース・クリアリングの目的は、エネルギーをある一定の形に強化させることではなく、クリアリングすることです。ですからどのようなジュエリーも身につけないことがベストなのです。また金属製のジュエリーは電導媒体にもなるので、作業中に出る静電気を拾ってしまうこともあります。先にジュエリーをはずしておかないと、家の中をクリアリングした後で、あなた自身とジュエリーもクリアリングするという余分な仕事を背負い込むことになってしまいます。はずせない結婚指輪なども、この際、厄介になります。その場合は第九章の「水による清め」の部分を参考に指輪を清め、スペース・クリアリングが終わったらあなた自身も塩を入れたお風呂に入って身を清めてください。

## 腕時計

スペース・クリアリングを行うとき、腕時計ははずしておくに越したことはありません。腕時計には金属が使ってあるためジュエリーと同じような問題が起きるだけでなく、スペース・クリアリングによって時計がおかしくなり、時には止まってしまうこともあるのです。私はこれまでさまざまな腕時計を使ってきましたが、早々に故障してしまうので今では身につけるのをやめました。携帯ラジオなど、身につける電化製品はすべて同じようなことになってしまいます。どうしてなのかよくわかりませんが、私が仕事中に接する強力なエネルギーと関係があるのでしょう。頻繁にこうした作業を行うわけではないあなたには同じことは起きないかもしれませんが、断言はできません。また腕時計をはずしたほうがいいもう一つの理由は、手首に何もつけていないほうがエネルギーを敏感に感じ取ることができるためです。

## 金属フレームの眼鏡

かけなくても作業が可能ならば、眼鏡をはずしてスペース・クリアリングをしてください。鼻の根元にあたる部分が金属でできているものなら、特にはずしたほうがいいでしょう。ツボの研究によると、このような眼鏡は頭部のエネルギーの流れを遮断し、普段の生活でも疲労感、混乱、頭痛などのもとになります。

### 硬貨

スペース・クリアリングの前に、ポケットから硬貨をすべて出しておきましょう。

### その他の金属の物体

バックルが金属でできたベルトなど、そのほか金属でできたものはすべて身からはずしてください。

### 裸足になること

スペース・クリアリングは裸足で行うほうが、エネルギーを感じやすくなるのでベターです。足の裏を通して、地面から、そして建物の床からたくさんの情報が吸収されます。靴を履いていると、特に靴底が人工の素材でできたものの場合、この感触を妨げてしまいます。もし必要ならば、地下室のように床が汚れている場所だけ靴を履き、それ以外の場所では脱いでください。スペース・クリアリングを行うのが冬ならば、足が冷たくならないように綿のソックスや革底のスリッパをはいてもかまいません。足が冷え切って氷の塊のようになって感覚がなくなっては意味がありません。

## 10 同席する人があなたのやることを完全に理解しているのでない限り、一人で行うこと。

### 一人でスペース・クリアリングを行う

私がスペース・クリアリングをやり始めた当時は、必ず一人でやっていました。作業中は他の人に出ていってもらい、終わってから呼び戻したのです。あなたも、できればそうしたほうがいいでしょう。

スペース・クリアリングはエネルギーを移動させますが、部屋の中にいる人のエネルギーもその中に含まれます。その場にいる人が、あなたのやっていることをすっかり理解していないと、その人が自分の中で起きるエネルギーの移動に、恐怖感、疲労感、焦燥感などさまざまな反応を示すことがあります。作業の中には、ちょっと風変わりに見える場面もあります。でも実際には、日常的に行われていることを少し変わった方法で実行しているだけなのです。実行しながらその意味を説明してもいいのですが、そうするとスペース・クリアリングに全神経を集中させることができません。かなり経験を積むまでは、一人で行うか、あるいはあなたのやっていることを完全に理解している人にだけ同席してもらいましょう。

私が仕事として行う場合、その場にいる全員が私のやろうとしていることを理解し、同意してくれていることを確認するようにしています。でもあるとき儀式の最中に、お掃除の人が来てしまったことなどもありました。この、クリアリング中にやってきた、気の毒なポリネシア人の女性のことは忘れられません。英語がまったくというほどわからなかったうえ、その日は彼女の勤務初日でした。私が拍手《かしわで》を叩き始めたら彼女は恐怖の表情を浮かべ、外へ走って逃げていきそうでした。私は落ち着かせるために微笑《ほほえ》みかけ、彼女に一時的にエネルギーのシールドをかけました。エネルギーバランスを整えるためのベルの美しい音を聞くと彼女はリラックスし始め、私が作業を終えるころにはすっかりにこやかになっていました。

スペース・クリアリングを延期したほうが、おそらく楽だったでしょう。でも彼女を落ち着かせて、最後までやり遂げることができる自信はありました。

私は一家全員がゾロゾロと私のあとをついてくる中で、儀式をすることにも慣れました。今ではすっかりこの方式に慣れましたので、一家の主人が同席しない場合はスペース・クリアリングを行わないようにしているほどです。

オフィスの場合は、誰もいない状態で行うのがもっとも楽です。仕事中の落ち着かないエネルギーに囲まれながら作業をするのは難しいし、職場の人全員に私のやっていることを理解してもらうのは、時間がかかりすぎます。経営者、あるいは責任者一人が同席してくれればそれで十分です。

## パートナーとスペース・クリアリングを行う

あなたの家に同居人がいて、スペース・クリアリングを一緒に行いたい場合は、儀式を最初から最後まで協力しあって行うのがベストです。作業を分担したいのなら、準備は一緒にやってください。そして男性（あるいはより活動的なほう）が拍手《かしわで》を打つこととシールドをかける作業を担当し、女性（あるいは受身の側）がその他の作業を受け持つとよい結果が得られるようです。もっともこれは、臨機応変に考えてかまいません。大切なのは、あなたに向いていると感じる部分を受け持つことです。次の段階に進む前に、あなたのパートナーが分担部分を終えるのを待ちましょう。

## 11　BGMはかけずに、静かな環境で行うこと。扇風機など、雑音のする電化製品は可能だったら止めてください。

### 音楽

スペース・クリアリングでは、あなたが部屋や建物の中を歩きながら、エネルギーが反響して響き渡る音に耳を傾けなくてはなりません。聖歌隊の歌声であれ、ヘビーメタルであれ、余計な音が流れていたのではこれらを聞き取ることができません。音楽は部屋の雰囲気を変えるためには便利ですが、スペース・クリアリングが終わってからかけてください。

## 扇風機とエアコン

私は扇風機やエアコンのそばに立つと、めまいや吐き気に襲われ、すぐに頭痛が始まります。これらは部屋の中の空気だけではなくエネルギーもかき回し、近くにいる人間のオーラフィールドも乱します。また多量の電磁波を出すため、人を疲れやすくし、またその雑音は神経にストレスを与えます。

扇風機は特に空気をひどくかき回すため、エネルギーを感じ取ることが難しくなります。また人間のオーラ、エネルギーフィールドもかき乱すため、スペース・クリアリングを集中して行うのはほぼ不可能になります。エアコンの影響はもう少し控えめですが、それだけに狡猾《こうかつ》で油断できない結果をもたらします。私がワークショップを行う教室では、いつもエアコンを止めてもらいます。そうしないとエネルギーが乱れて、翌日体調を崩してしまうのです。

## 12　ドアや窓は開けてください。

エネルギーは固体を突き抜けることができます。でもスペース・クリアリングを始めたばかりのころはドアや窓を開け放して、あなたが解放する鬱積《うっせき》していたエネルギーを外へ抜けさせてください。私たちは肉体を持って生きているので、物理的にドアや窓を開けたほうが精神的にも楽に受け入れられるのです。もっともエネルギーが感じられなくなるほど、風を入れてはいけません。

## 13　パワーポイントを決めて、スペース・クリアリングに必要な道具をそこに並べましょう。

### パワーポイントとは

建物の中には、何種類かのパワーポイントがあります。パワーポイントとは、そこから部屋全体、あるいは建物全体を感じ取ることができる場所のことです。部屋の中では、普通パワーポイントは入り口の対角線上にあります。そこに立つとドアと窓全体が見える場所です。でももちろん、これは部屋によって違います。建物のパワーポイントはさらにケースバイケースであり、もっとも頼りになるガイドはあなた自身の直感です。

スペース・クリアリングの道具を置くためのパワーポイントを選ぶには、正面玄関にもっとも近く、「ここからなら家全体と話をすることができる!」という感じを受けるところがベストです。エネルギーも人も玄関からあなたの家に入ってきますので、あなた自身もその通り道にできるだけ近い場所にいてください。入り口が狭いのなら、リビングルームが近くにあればそこに「ベースキャンプ」を設置してください。リビングルームでなくてもかまいませんが、洗面所や物置はいけません。

そして、周りを歩くだけの空間があるところに、スペース・クリアリングの道具を並べるための小さなテーブルを置いてください(スペース・クリアリングの最中は、かなり歩き回ることになります)。

## 基本的なスペース・クリアリングの道具

[必要なもの]

・テーブルクロス(できれば一度も使ったことのないものを、この儀式専用にする)
・密封できる容器に入った海の塩、あるいは岩塩
・花首から摘んだ花、花びらを適量(好きな色で、配色のいいもの)
・キャンドルと、金属製のキャンドル立て

・花とキャンドルをのせる皿を数枚
・新鮮な葉っぱ数枚
・お香とお香たき
・マッチ
・密封できる容器に入った聖水（第九章「水による清め」参照）
・音の質がいいベル１つ、あるいは一式
・ハーモニーボール１つ以上（第七章のステップ７で説明）

これらのものを、あなたから見て感じよく並べるために、ちょっと時間を取ってください。私はスペース・クリアリング専用の美しいテーブルクロスを使います。これによって平凡なテーブルが神聖な空間に生まれ変わります。これらの道具がなくてもスペース・クリアリングを実行することは可能ですが、使用した場合に比べて効力は弱いでしょう。必要な道具を買い揃《そろ》える、あるいは借りる、またはもらうまで待つほうがいいかもしれません（これらの道具の使用方法については、次の第七章で詳しく説明します）。

## 14 腕まくりをして、手の感度を強めましょう。

私は生まれてこのかたずっと、袖をまくりあげたまま生きてきたような気がします。そのほうがどれほど感覚が鋭くなるかを知ったら、あなたもそうするに違いありません。手も、前腕部もエネルギーにとても敏感な部分なのです。

### 手の感度を強めるエクササイズ

このエクササイズは長い間私のワークショップで使用して、多くの人が好結果を得ているものです。本書を読みながら目を開けたままでもできますが、先にこの部分を読み終えてから、目を閉じて行うほうがより効果的です。

手を洗って指輪、腕輪、腕時計などをすべてはずしてください。腕まくりをして椅子に楽に腰かけます。両手は少し離して、手のひらを上にして膝にのせてください。手の力を抜いて、手のひらと指先に意識を集中します。肌がピリピリするのを感じてきたら、それはあなた自身の電磁波エネルギーです。常にエネルギーを発している指先に特に強く感じるでしょう。

この感覚を数分間楽しんだら、両手を腰の位置に上げて手のひらを内側に向けてください。手がゆるやかなカーブを描くように、サッカーボール程度の大きさの柔らかいボールを持っていると想像してください。ボールを優しく押すように、両手を近づけたり離したりしながら、両手の間のエネルギーの流れを感じてみましょう。

これを数分行ったら、今度はボールのサイズをビーチボールほどに膨らませます。感じるエネルギーは少し弱まるかもしれませんが、つながりはまだ感じるはずです。

さて今度は両手の間をテニスボールの大きさにまで狭めてください。両手の間を少し伸縮させてみると、エネルギーの感触はほとんど本物のボールのように感じるでしょう。これを数分間続けてください。そして、写真で見たイメージを視覚的に思い出すように、この感触をまた思い出すことができるよう体に焼きつけてください。この「体感写真」を焼きつけるにあたり、連想シグナルを作っておくと便利です。手を握ったり開いたりする、片手を頭のてっぺんに置くなど、普段ごく自然にはやらないけれどシンプルな動作を選びます。この連想シグナルの動作をすれば、このエクササイズを再び繰り返さなくても、手の感触がごく自然に思い出せるようになるでしょう。

またいつでも感触を取り戻せるという自信がついたら、再び手のひらを上に向けて膝にのせ、リラックスして、ためたエネルギーを解放してください。

## 電磁波を感じ取ることを学ぶ

このエクササイズは手の感度を強めるエクササイズと連続してやると、もっとも高い効果が得られます。練習するためには、他の人、あるいは動物か植物が必要になります。いきなり建物のエネルギーフィールドを感じようとするよりも、生き物で練習をするほうが簡単です。人間と猫がもっともやりやすいようです。

協力してくれるという人がいるのなら、あなたのほうに手のひらを向けて両腕を伸ばすよう頼んでください。連想シグナルを実行するなりしてあなたの手の感触を呼び戻し、片手あるいは両手で相手の手のひらから出ているエネルギーを感じてみてください。どのくらいの距離から感じることができるかにも注意しましょう。

猫がいる人、あるいは借りてこられる人は、15センチほど離れた位置から猫の体をなぞるように手を動かしてください。猫は電磁波の強い生き物です。何度かこの動作を繰り返すと、ほとんどの猫は実際に撫《な》でられているように背中を丸めるでしょう。

あるいは植物のエネルギーフィールドを感じることもできます。でも屋外で行う場合は、まったく無風の日でなくてはなりません。ほんの少しの風でも、電磁波を感じる妨げになってしまいます。

これらの準備を終えたら、いよいよスペース・クリアリングに取りかかることにしましょう。

# 第七章　基本的スペース・クリアリングの手順

どんな空間にもそれぞれ個性があり、独自の対応が必要です。でもすべてのスペース・クリアリングに使える手順があります。

何年か試行錯誤した結果、私は誰にでもすぐに実行できる基本的なスペース・クリアリングの方法を作りました。私のワークショップを受講した人たちは、この方法ですばらしい結果を得てきましたので、本書でも同じやり方を紹介しようと思います。

7つのステップとして紹介していきますが、きちんと手順通りに進んでいけば、必ず成功します。ですから、最初は忠実に手順に沿って実行してください。何度かスペース・クリアリングを行って自信がついたら、第八章で説明するバリエーションを試すなど、自分でアレンジしてみてもかまいません。

## スペース・クリアリングを行うのにベストなタイミング

スペース・クリアリングを実行するのにもっともいいタイミングは、家の中を物理的にきれいにした後、可能ならば日中にしてください。また清めの儀式（第十二章参照）は、満月から新月の間に行うともっとも効果的だということがわかりました。旅行に出かける直前に儀式を行うことはお勧めできません。留守にしていては、せっかくの成果を味わうことができなくなってしまいます。

近所の人が訪ねてくる可能性が少ないなど、邪魔の入らない時間を選んでください。電話は、受話器をはずしておくか、留守電に切り替えておきましょう。小さい子供がいる人は、儀式に集中できるように誰かに数時間預かってもらってください。子供や赤ちゃんはエネルギーの動きにとても敏感ですから、あなたがスペース・クリアリングを行っている最中に騒ぎだすかもしれません。そうなったら作業を中断して子供をあやさなくてはならなくなってしまいます。

ほとんどの動物は、スペース・クリアリングを行っている最中、周りにいたがります。彼らにはエネルギーが見えるので、それが動くのが面白くてたまらないのです。神経質なペットは拍手《かしわで》を打つときに逃げるかもしれませんが、たいていベルを鳴らすステージになると戻ってきます。もっともあなたが質のいいベルを使っていれば、ですが。

スペース・クリアリングに必要な時間は、家の大きさ、どのくらいガラクタが置いてあるか、そこで過去にどんなことが起きたか、そしてあなたの普段の生活のペースが速いか遅いか、によっても変わります。私が仕事として行うときは、１ＬＤＫあるいは2LDKで1時間、それより大きい場合はサイズに合わせて時間を延ばしていきます。作業を終える前にまたエネルギーが鬱積《うっせき》しないよう、快活なテンポで片付けていくのがいいようです。

## 1　その空間と自分の波動を合わせることに時間をかけること。心の中で自己紹介をし、あなたの意図をあたりに放射させてください。

### 呼吸

スペース・クリアリングでは、あなたが建物のエネルギーを活性化させるのです。そのためには、あなた自身がエネルギーを活発に保てるよう、きちんと呼吸することが大切。同席する人がいるのなら、その人にも同じようにしっかりと呼吸してもらいましょう。空間をきれいにしていくにつれ、目の前の現象に気を取られるとつい呼吸がどんどん浅くなって、クリアリングを続けていくことが難しくなります。同席者の呼吸が浅くなってきたと気がついたら、深呼吸を促してください。

### あなたの家と波動を合わせる

家にも、家なりの感情があり、どのように扱われるかで対応も違うことを知っておいてください。家にきちんと敬意をはらえば、家のほうでもお返しにあなたに協力してくれるのです。

また建物にも、それぞれ個性があることを忘れてはいけません。どこかの建物の中に入って、「すごく感じがいい」とか「ここには住みたくない」などと感じたことがある人は多いはず。それはその場所のエネルギーと感応し合っているということなのです。

あなたの家と波動を合わせるには、まず玄関を入ったところに立ってください。下宿、間借りしている場合は、自分の部屋のドアを入ったところでOKです。ゆっくり時間をかけて自分を落ち着かせ、バランスがとれたチャクラを頭の中に思い描いてください。それから自分のオーラの外輪に注意を向けます。人間のオーラは体を卵形に包んでいて、意志の力でその大きさを広げたり狭めたりすることができます。

あなたのオーラが広がって、家全体を包み込むところを想像しましょう。心臓のチャクラを開いて（きれいなピンクの花が開いていくところをイメージするといいでしょう）あなたの心から溢《あふ》れ出た愛情が空間に広がっていくところを思い描いてください。心の中であなたが誰なのか、何をやろうとしているのか宣言して、その意図をイメージの中で空間全体に広げましょう。

初めてこれを行うときには、家があなたのメッセージを受け止めたという実感は湧《わ》かないかもしれません。でも何度も繰り返すうちにあなたは家との関係をしっかりと築き、いずれは家に帰ってきたときに「ただいま」と壁を撫《な》でるような人になるでしょう。自分と家との、親密な関係を築くことは可能なのです。さらに深く付き合いたい人は、家に名前をつけてあげるといいでしょう。

## 2　玄関から始めて、エネルギーを感じながら全体を回ってください。手のほか、五感すべてを駆使しましょう。

### エネルギーを感知する

あなたの家のエネルギーを、肉体的に感知してみましょう。玄関を入ったところで、横向きに立ってください。方向はどちらでも、あなたが快適なほうでかまいません。肩の高さまで腕を上げて肘《ひじ》は軽く曲げたまま、ドアから10センチほどの位置に手をかざしてください。手首はおよそ90度に曲げて指先を上に、ドアに手のひらを向けます。手も腕も、リラックスさせておいてください。

さて玄関のドアのエネルギーフィールドをゆっくりと撫でてみましょう。猫を撫でるような要領ですが、動きは縦に、肩あたりの高さで行います。自分の住む家を清めたいという意志を放射させながら、この動作をしばらく繰り返します。突然、家があなたに対してオープンになり、そのエネルギーを感じることができるようになる瞬間が来るはずです。あなたがもともと家具や壁を撫でる習慣がある人ならば、家はすでに慣れているのですぐにオープンするはずです。また、人、動物、植物との交流が得意な人は、家ともすぐにつながりを持てるでしょう。

これをやるときは、できるだけオープンな気持ちでいてください。私が個人のコンサルテーションを行うときは、最初の数秒にもっとも多くの情報を読み取りますが、それには全神経を集中させなくてはなりません。よく起きる問題は、私がどのような情報を読み取るのか家主が心配している場合、家がエネルギーをオープンすることを拒むことです。その場合は、家主に安心させる言葉をかけるだけで、ドアが大きく開かれます！

自分の家のスペース・クリアリングを行うときは、家が発するメッセージに耳を傾けてください。家は、もう何年もあなたにやってほしいことを訴え続けてきたのかもしれません。あなたが想像力豊かな人だったら、さまざまなおしゃべりが聞こえてくるでしょう。ただし、何が本当の家からのメッセージで、何があなたの思い込みなのか、選別するのは難しいところです。気軽に構えて、同時にオープンな気持ちでやってください。

何度か撫でてみて、受け取れるメッセージを消化したら、家の中をゆっくり一回りしましょう。手だけでなく、すべての感覚を駆使してください。

## エネルギーの感触

最初は家が発するこうしたエネルギーをあまり感じることができないかもしれません。でもまったく感じない場合でも失敗しない、基本的なスペース・クリアリングの手順を作っておきましたので、心配はいりません！　実際のところ、建物のエネルギーを感じるよりも生き物の発する電磁波の脈動を感じるほうがずっと簡単ですので、できるだけ友達やペット、植物などを使って練習してください。

建物のエネルギーを感じる感触は、華奢《きゃしゃ》なクモの巣から糖蜜《とうみつ》のような粘り気まで、その度合いはさまざまです。熱く感じる箇所も、冷たく感じる箇所もあるでしょう。気持ちよく感じる場合も、あまり快適ではないと感じる場合もあります。骨に鈍い痛みを感じたり、手のひらがヒリヒリしたりすることもあります。蜂蜜《はちみつ》のようにスムーズなことも、砂利のようにデコボコしていることもあります。あなたはこれらのエネルギーを「お持ち帰り」するのではないことを、常に忘れてはいけません。何か滞っていたエネルギーを拾ってしまったと感じる場合は（鬱積したエネルギーはネバネバしているものです）、つくのは手のひらか、前腕部ですから、あとでその部分を水洗いすれば簡単に落とすことができます。しかし、その度合いがあまりにも強いものだと、感覚を常に鋭く保つためにときどき手を振って落とさなくてはならないかもしれません。

## 時計回り、あるいは逆時計回り？

「どの方向に回るかは、重要ですか？」とよく聞かれます。私がスペース・クリアリングを始めたばかりのころは、エネルギーをクリアリングするには逆時計回りに、エネルギーを吹き込むためには時計回りに歩いていました。でも今では、歩く方向は重要ではないことがわかっています。大切なのは意志をはっきり持つことです。私は逆時計回りに歩くほうが快適なので、スペースをクリアリングするときでも、新たなエネルギーを吹き込むときでも、今は逆時計回りに歩いています。あなたにとって、歩きやすい方向に回ってかまいません。

## 下から上に

あなたの家が平屋ではないのなら、下の階から始めて上に行ってください（エネルギーは下からよどんでくるのです）。

玄関が１階にあるのなら、段取りはシンプル。玄関を入ったところから始めて、ぐるりと一回りしてくればいいのです。

入り口が１階で、地下がある場合は、地下へのドアにたどりつくまで１階を回ってください。そこから地下へ降り、地階を一周して（中には歩き回ることなど不可能なほど物が置かれた地下もあります）1階へ戻って残りを片付け、それから上の階へと移動していきます。

屋根裏があるのなら、楽に上がれる場合は実行してください。簡単に上れないような屋根裏なら、別に必要はありません。地下には低いエネルギーがたまりやすいのできれいにすることは重要ですが、屋根裏はそれほどでもありません。スペース・クリアリングの効果が上に昇っていって屋根まで満たすイメージを思い浮かべてください。再び玄関のドアの前に戻るまで、家の中全体をぐるりと一回りしてください。

とても大きな家ならば、きちんと階ごとにやっていくのがいいと思います。その場合も、必ず玄関のところでエネルギー感知を実行してから、家の中全体を歩いてください。そして下の階から、スペース・クリアリングを1フロア分実行するのです。まず地下の階。そこをすっかり終えてから、1階へ。階段はその上の階の一部として扱ってください。

小さい家でも、フロアごとに使う用途がはっきり分かれる場合（ある階は住居で、違う階はオフィスなど）もあります。各階のエネルギーをきちんと分けたいのなら、やはりスペース・クリアリングは1階ずつ分けて行うほうがいいでしょう。

自分の家の中を歩き回るとエネルギーの流れがよくわかり、あなたにとっては新しい体験になるかもしれません。風水とはエネルギーの流れの調和を取ることです。あなた自身がガラクタをよけながらでないと前に進めないのなら、エネルギーにとっても状況はまったく同じことなのです。

**3　キャンドルをともし、お香をたいて、お供えの花に聖水を振りまき、家の守護霊と地、水、風、火の精霊に花と祈りを捧げます。守護天使、あるいはあなた個人の守護霊（あるいはあなたが好きな霊的存在）に呼びかけてください。**

いろいろなやり方がありますが、大切なのはあなたにとってしっくり来る方法を見つけることです。私はいつも、まずキャンドルとお香に火をつけ、スペース・クリアリングの道具を並べるテーブルの上に聖水（これについては第九章参照）を振りかけた花を並べることから始めます。そして建物の入り口すべてに塩で線を引き、建物の中のキーポイントにさらにキャンドル、お香、聖水を振りかけた花を置いて歩きます。

**お供え物**

花のお供え物を作るには、皿の真ん中にキャンドルを置き、花首から摘んだ花をその周囲に内から外へ並べていきます。花の色や並べ方など、できるだけ美しくアレンジしましょう。

何階もある家ならば、各フロアに1つはこのお供え物を置いてください。リビングルームと、メインのベッドルームはもっとも大切な場所ですし、日々家族の食事を料理するキッチンのコンロも大切なスポットです。風水ではキッチンコンロは人生の繁栄を左右する大切な場所とされ、財力を象徴しています。バリの人々はいつも料理した後でキッチンのコンロにお供え物をします。また家のあちこちに作ってある小さな聖壇にもお供えします。バナナの皮に包んだご飯数粒、そのほか小さく切った肉など、神々に捧げるミニチュアの食事一式を捧げて感謝の意をしめすのです。

家の中の重要な部屋に、それぞれお供え物を置くことができれば理想的です。最初に小さな葉を置いて場所を決め、その上に花のお供えを置きます。隣にお香たきにいれたお香を置き、キャンドルをともして、聖水を花にふりかけます。

これらは家の守護霊と、元素の精霊たちに捧げます。花は地を、お香は風、キャンドルは火、聖水は水をそれぞれ象徴しています。キャンドルをともすことによって儀式が開始され、ともした火が目に見えない存在に働きかけてエネルギーの流れを流動させ、あなたがいる空間を清める手助けをしてくれるのです。

お供え物を置いてキャンドルとお香に火をつけるときに心の中で、人生の次の段階へ進むために、あるいはあなたと家族の心安らぐ場所を作るために、この空間を清めたいのだと強く念じてください。さらに祈りを捧げたいと感じる人は、このときに同時にやっておきましょう。目に見えない天使や、守護霊などにこの儀式の手助けをお願いしたい人も、このときに呼びかけておくのがいいでしょう。

お香やキャンドルの火の元にはくれぐれも注意しましょう。カーテンなど燃え移りやすいものからは十分に離し、子供やペットなどの手が届かない場所に置いてください。私はいつもお香はお香たきの中に入れます。そしてもっとも安全なメタルホルダーに入ったキャンドルを使い、耐熱皿の上に置いています。儀式が終わった後も、お香やキャンドルは使い切るまで火をともしておいてください。途中で出かけなくてはいけない場合はいったん消して、帰宅してから使い切ってください。

**4 滞っているエネルギーを分散させるために、家の中のすべての角のところで拍手《かしわで》を打ち、その後、流水で手を洗ってください（これは忘れないように！）。**

基礎的な拍手の打ち方

スペース・クリアリングでは玄関から始めて、手でエネルギーを感じながら家の中をぐるりと回ってください。そして、角に来るたびに立ち止まって、滞っているエネルギーを散らすために何度か短く拍手を打ってください。

床から天井までの空間すべてで拍手を打つ必要はありませんが、いくらか上下させたほうが効果的です。私はいつも頭の上の位置からスタートし、少しずつ強くしながら腰のあたりまで降ろしていきます。中には下から上にやっていい効果を得たという人もいます。どちらのやり方でもかまいませんが、拍手の効果が天井から床まで伸びて角がすっかりきれいになるイメージを思い浮かべながらやってください。拍手をしたスポットのエネルギーをなだらかにするため、手で辺りの空間を撫でて、次へと進んでいきます。

建物全体を規則正しく回ってください。角でなくても、エネルギーがたまって物理的に他の箇所より熱いと感じる「ホットスポット」があれば、そこでも拍手を打ってください。すべての角、へこみ、割れ目などで拍手を打ちます。あなたが歩いたあとは、きれいなエネルギーの通り道ができることをイメージしましょう。

徹底的にやりたい人は、クロゼットや戸棚もあけて中で拍手を打ってください。電

家の中の、すべての角で拍手を打つ

化製品、特にコンピューターモニターやテレビなど、静電気が蓄積しそうな場所でも手を打ちます。またベッドの上で手を打つのもいいでしょう。その場合は頭の部分から始めて足のほうへと進みます。大きなベッドだったら、周りを歩きながら手を打つ必要があるでしょう。一周したら、再び次へ進みます。

拍手の音は、最初は鈍く、だんだんとキレのいいはっきりした音になっていくはずです。建物内の4分の3ほど終えたころ、もしかすると私が「残響」と呼ぶ音が聞こえてくるかもしれません。拍手が反響する音です。これが聞こえるようになったら、その部分のスペース・クリアリングは終わりに近づいたということなのです。

普通は一周するだけで十分ですが、最初の地点に戻っても反響音が聞こえなければもう一周する必要があります。気の入れ方が十分でなかったのか、あるいは単に滞っていたエネルギーの量が多かったのかもしれません。どれも同じような音に聞こえるという人も、心配はいりません。どんな拍手でも実行しただけの価値はありますから、たぶん一周で十分だったのでしょう。

## 湧き上がってくる感情

これまでこの仕事をしてきて、拍手を打っているときに、その家の住民が感情的な反応を示すことがありました。中には突然泣き出す人もいます。しかし、それは悲しいからではなく、何かを脱ぎ捨てるプロセスの一部にすぎません。こうしたことは、ごくまれにしか起きませんが、あなたが家をクリアリングしている最中に突然何らかの強い感情が湧き上がってくるかもしれないので、一応お知らせしておきます。涙が湧いてきたら気がすむまで泣いてください。そしてエネルギーの流れを助けるために、深呼吸をしましょう。すぐに落ち着いてくるはずです。

## さまざまな拍手の方法

これまで何千もの部屋で拍手を打ってきましたが、その種類の多様さにはいまだに驚かされます。家の中をのんびり、ゆっくりしたペースで拍手を打って歩いていたのに、あるベッドルームに到達したとたんに突然2回するどく拍手を打ちたいという衝動にかられることもあります。これはそのベッドルームを使っている人が、ほかの家族とはまったく違った性質とリズムを持っているという意味なのです。おそらくその人は、家族皆から理解しがたいと思われているのでしょう。

拍手にはさまざまなリズム、そして強さと大きさがあります。大きな部屋では小さな部屋よりも大きな音で手を叩く必要があるし、子供部屋や赤ちゃんの部屋は柔らかい拍手が相応《ふさわ》しいと感じるかもしれません。ある場所ではきっぱりと、またある場所では同調するように拍手を打ちたくなるでしょう。これらのことだけでも研究する価値はあります。でもとりあえず、基礎的なスペース・クリアリングでは、あなたにとってもっともいいと思われる方法でやってください。

## 狭いスペース用の拍手

普通の拍手を打つようなスペースがない狭い場所で行うときのために、考え出した方法です。そうした場所では、手のひらを上下に合わせて、腕を狭いスペースの中に差し入れます。腕をワニの口のように縦に開き、拍手を打ってください。

## 遠距離からの拍手

これは、地下の物置がいっぱいで、中に入ることができない場合に合わせて考えた方法です。実際に中に入って角で手を叩《たた》くほどの効果はあげられませんが、それでもいくらかの成果はあります。物置の入り口に立って、最初にクリアリングし

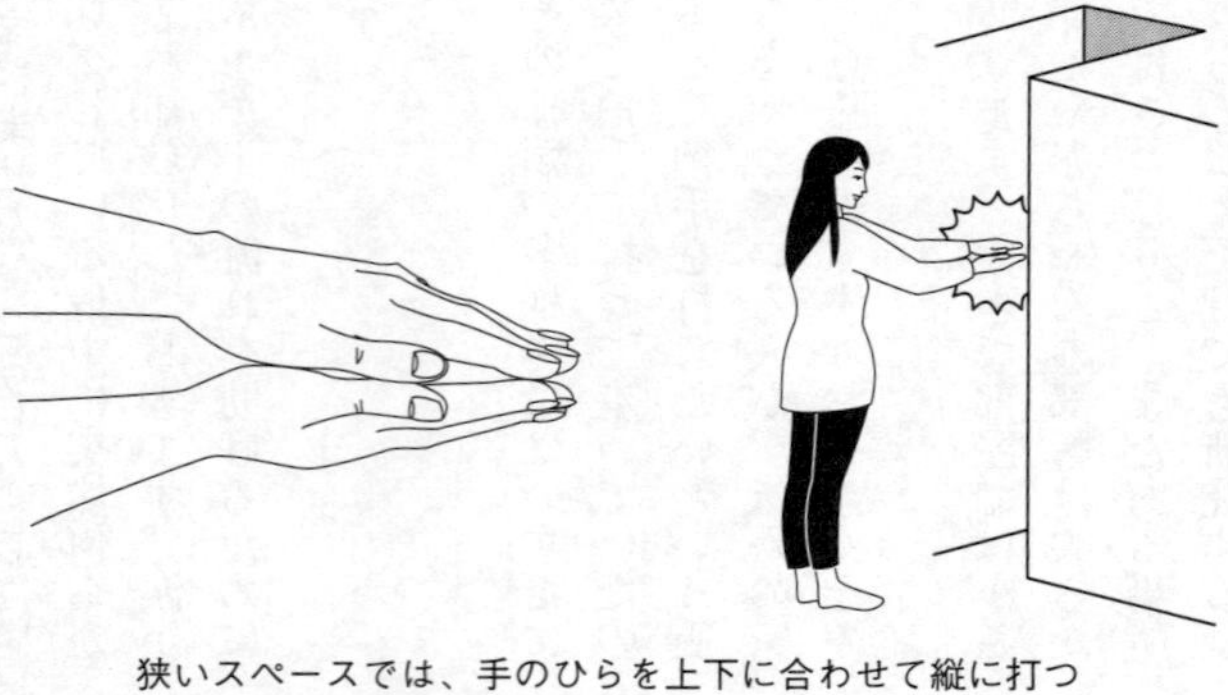

狭いスペースでは、手のひらを上下に合わせて縦に打つ

たい角に気持ちの焦点を合わせます。実際にその角に目をやりながら、そちらに向けて拍手を打ってください。視線でクリアリングをするつもりで、そこの角の上から下まで目をやります。こうしてすべての角に向けて実行してください。

### 手を洗うこと

拍手を打ち終えたあと、流水で手を洗うことはとても重要です。万が一、滞っていたエネルギーのかけらを拾ってきても、こうして洗い流してしまうのです。こうすることで、すっきりした気分になり、次へのステップへ進むことができるでしょう。

## 5　ベルで空間を清めます。

### 音で聖なるサークルを作る

これで建物の中を回るのは3周目になります。持っているベルの中で、もっとも音の太いものを使いましょう（部屋が大きいほど、太いトーンの音が必要です）。玄関を入ったところでまず1回鳴らし、耳を澄ましてください。いくつか違う建物の中でやってみると、あなたがそこのエネルギーと共鳴したかどうか、もう1度鳴らす必要があるかどうか、すぐにわかるようになります。不安だったら、念のためもう1度か2

度鳴らしてください。

次に、ベルを持ったまま家の中を歩きます。ベルは壁に近づけ、でもぶつからないように持ってください。だいたい腰の高さあたり、あるいはあなたがいいと感じた位置で結構です。前に進みながら、ベルの残響がすっかり消えてしまわない程度に鳴らし続けてください。こうして歩くことで、あなたは聖なるサークルを作り上げているのです。あなたの歩いたあとが、美しい音と光のサークルになっていく様子を思い描くと、さらに効果的です。ベルの音が悪いなと感じる場所があれば、立ち止まって音がきれいになったと感じるまで何度か鳴らします。よく耳を澄ますと、エネルギーが滞って固まっている場所がわかりますので、今後のためにもそれらのたまりやすいスポットを記憶しておいてください。

スタート地点まで戻ってきたら、横向きの8の字を宙に描いてください。これは永遠を表すシンボルで、エネルギーに、あなたが今描いてきたサークルを滞りなく動き続けるようにと告げているのです。そうすることにより、効果が長持ちします。

歩いている最中に何かがあなたの集中力を妨げたら、エネルギーとのコネクションが途切れてしまうので最初からやり直す必要があるかもしれません。経験を積むと、その場でまたエネルギーをピックアップできたかどうかわかるようになりますが、自信がなければ最初からやり直してください。

複数のベルを使う場合は、次に、今使っていたものより一回り小型のベルを持って再び同じことを繰り返してください。これで家の中を回るのは4度目です。私が大きな家をクリアリングしているときに、謝礼は走行距離で計算してもらえばよかった、と思い始めるのはこのころです！

以前は、サイズの違うベル4、5種類を用意して、どんどん小さいベルにしながらエネルギーを浄化していきました。でもその後、バリ島とバリのベルに出会ったのです。第八章で、私がどのようにしてそのバリのベルを手に入れ、なぜそれが特別なのかを説明しましょう。

## ベルの鳴らし方

私がバリで出会ったお坊さんのほとんどが、きちんとベルを鳴らすことができるようになるまで1年はかかる、と言いました。それぞれの建物にそれぞれ相応《ふさわ》しい鳴らし方があり、部屋によってもそれぞれ違います。ある部屋では小刻みに鳴らし、次の部屋ではゆっくりと鳴らしたくなるかもしれません。あなたの感覚にしたがってください。経験を積むと、ベルの反響によってその場所のエネルギーの状況を読み取ることができるようになります。

# 6　空間にシールドをかけます。

## クリアリングの結果をチェックする

以上の順でスペース・クリアリングを行った後、もう一度歩いて回って、エネルギーがきれいになっているかどうかチェックしてみましょう。まだエネルギーが重たい、あるいは熱いと感じられる場所では拍手を打ち、それからベルでバランスを整えます。エネルギーをほとんど感じることができない人でも、部屋の中が明るく、すっきりしたことはわかるはずです。また呼吸が楽になったという形で感じる人もいます。

何も感じられず、違いを目で見てもわからない人も、スペース・クリアリングが成功したものと信じて先に進みましょう。数日後、あるいは数週間後にその効力を感じるでしょう。

## 基礎的なシールドのかけ方

スペース・クリアリングがうまくいったと満足できたら、次はその空間にシールドをかけます。このあとの段階で行う作業の効果を、きっちり封じ込めるのが目的です。この種類のシールドは望ましくないエネルギーから保護するためにも使えますが、本来の目的は封じ込めです。前の章ですでに、私がなぜ保護のシールドをかける必要がないと思うのか、説明しました。

建物全体のシールドのかけ方を学ぶ前に、部屋をシールドする方法を覚えておくと、より楽でしょう。まず、正方形、あるいは長方形の形の部屋を選び、壁に背中を向けて角に立ちます。右腕でも左腕でも好きなほうを使ってかまいませんが、一応ここでは右腕として説明しましょう。その場合は、逆時計回りに進んでいきます。

壁に背中を向けたまま、息を吸って指先までまっすぐ伸ばした腕を真上に上げます。指先まで伸ばした手のひらを壁に平行にしたまま息をはきながら、腕を振り下ろしてください。この動作をしながら、あなたの指先から光の波動が出てきて壁をつたい広がるところを想像してください。息をはきながら歯の間から音を出すとうまくいきます。

さてシールドを広げた次の角まで行き、90度向きを変えて次の角まで同じようにシールドをかけてください。ほかの2つの角でも同じことを繰り返して、スタートした角まで戻ってきます。これで部屋の壁4面ともシールドが完成しました。

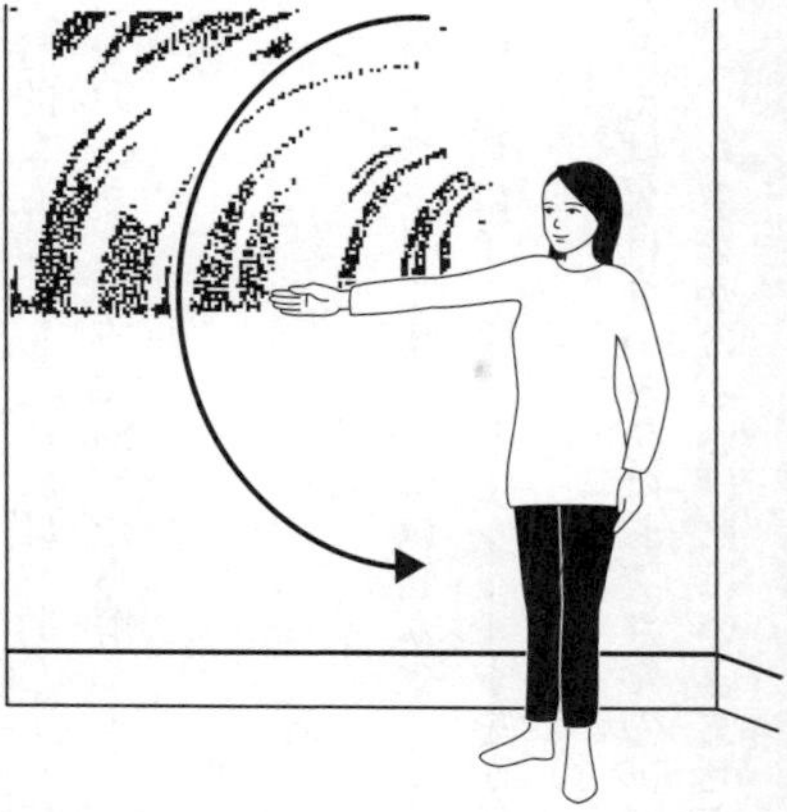

光の波動をイメージしながら腕を振り下ろす

床にシールドをかけるには、部屋のどこか一方の壁面の中央に立って光のカーペットがあなたの足の下から反対側の壁まで広がっていくところをイメージします。天井も同じようにしてシールドをかければ、この部屋全体が仕上がったことになります。最後に、部屋の真ん中に立って、頭の中でシールドのイメージをしっかりと焼きつけ、どのくらいそれをかけていたいのか、期限を決めます。そのままずっとシールドを保っておきたいのなら、自分の脳に、あなたが覚えていなくても毎晩休む前にシールドの波動を強化することを頼んでください。脳はほかの指令が出るまで、頼まれたことをずっとやり続けるのです。シールドを一時的なものにしたければ、同じように脳に、たとえば明日の朝6時、あるいはマーベルおばさんが家に帰ったら解くようにと頼んでおきます。

## 不規則な形の部屋にシールドをかける

四角形ではない部屋にシールドをかける方法は2つあります。一つは角が欠けていることなどを無視して、実際にはない部分まで四角形にイメージしてシールドをかける方法です。

でもこの方法が使えない場合もあります。たとえば欠けている角はお隣さんのアパートメントだったりする場合、他人の領域までシールドをかけるわけにはいきません。

その場合は部屋の形に沿ってシールドをかけていきます。その場合、角が4つではなく6つ出てくるかもしれません。

## 建物全体にシールドをかける

どの部屋にもシールドをかけて自信がついてきたら、今度は建物全体にかけてみましょう。家全体に行う方法の一つは、外に出て家のそれぞれの角でシールドをかけていくことです。でも私の経験では、シールドは外からよりも内側からやるほうが効果的です。私はこれまで長い経験を経てきましたので、今ではいちいちそれぞれの角に行く必要もなくなりました。玄関のところに立って、ほんの数秒で建物のそれぞれの角、床と屋根までシールドをかけるイメージを思い浮かべることができます。これは車の運転と同じで、慣れていくうちにいちいち考えなくてもできるようになるのです。

## シールドを解く

何らかの理由でシールドを解きたくなったら、単にそれらが解けていくところをイメージすればいいのです。私が顧客の家でスペース・クリアリングを行う場合、家の人が私のやったことを元に戻したいと願った場合のために、必ずシールドの解き方を教えます。自分独自でエネルギーを動かしたくなった場合にそなえてです。

## さまざまな種類のシールド

一般的なシールドでもっとも効果的なのは、ピュアな無色の輝く光です。私がシールドのかけ方を学んでいた当時、友達とグループで練習し、さまざまな色の影響を研究しました。また誰かがシールドをかけるときに他の人たちは部屋を出て、戻ってから何色のシールドをかけたのか当てるという遊びもやってみました。そのうち腕が上がってきて、簡単には当てられないよう色を混ぜ、たとえばブルーの上に黄色をかけたり、白地にピンクの水玉模様をのせたり、などというのもやってみました。とても面白いゲームでしたが、何より貴重だったのは、シールドが私の頭の中の想像の産物ではないと確認できたことでした。あなたがシールドをかけると、それは本当に存在し、繊細な人たちには見ることも感じることもできるのです。

平和な気持ちでリラックスしたければ、ブルーのシールドにしてください。もっと愛が欲しい人は、きれいな薄いピンクにしましょう。純粋さを追求するのなら、白です。もっと波動を強くしたければ、グリーンにしてください。ヒーリングを行うためには、グリーンに黄色をのせます。赤は刺激が強すぎて、摩擦や口論を醸しますので避けてください。

## 個人のシールド

スペース・クリアリングを行うのに自分にシールドをかける必要はありません（そもそも怖いと感じるのならスペース・クリアリングは行うべきではありません）。でも人生には、怖くなって自分のオーラをシールドで守りたいと感じるような状況に出くわすこともあります。その場合は、先ほど建物について述べたのと同じような方法が使えます。本当に必要なときに自信を持って使えるよう、練習をしておくといいかもしれません。

あなたのオーラのふちが、卵形のシャボン玉に包まれているのを思い描いてください。それだけです！　これであなたにはシールドがかかりました。シャボン玉、あるいは輝く光、あるいは必要に応じて、先ほど説明した色の光を使ってもかまいません。本当に怖い場合には、もっとも強い黒のシールドをかけることもできますが、危険が去ったあと解くことを忘れてはいけません。そうでないと人々が「あなたには気持ちが伝わらない気がする」「まるであなたはここにいないかのようだ」と言うようになってしまいます。家と同じように、ここでもいつシールドを解きたいのか、時間や状況（無事に家に着いたときなど）を指定しておくことができます。

シールドを使う場合は、なるべくその回数を減らしていって自信をつけてください。最高の護身は、愛の光で自分を包むことです。

## 7　その空間を意志、光、そして愛でいっぱいにします。

家の中からいらないものを取り除き、その清潔さを保つためにシールドをかけました。次の段階で行うのは、さらによいもので空間を満たすことです。スペース・クリアリングで新しいスタートを切ったあと、それからどうしたいかが肝心。どんなもので満たしたいのか、気をつけないと以前と同じものが少しずつたまってきてしまいます。どのくらいの時間とエネルギーをかけたいかによって、さまざまな段階があります。まず静かに座って、第六章で紹介した準備の段階のステップ5で書き出した、あなたにとって理想の人生を読み上げてください。そのことにできる限り集中しましょう。

### ハーモニーボールを使う

私のお気に入りの方法は、「ハーモニーボール」を使うことです。これは金属製のボールで、ゆらすときれいな音をたてます。中国人は同じようなボールをヒーリングに用い、手の中で転がします。南米のマヤ人は「チャイムボール」というものを使いますが、これはもっと軽く、スペース・クリアリングにはこちらのほうが向いています。私が使っているのは真鍮《しんちゅう》でできたバリ製のもので、直径3センチほどです。

その使い方ですが、まずハーモニーボールを両手で包み、座って目を閉じます。ゆっくり呼吸をしながら、心臓に気持ちを集中させます。心臓から愛があふれて体中に回り、さらに腕から手へ、ハーモニーボールへと流れていくところを想像してください。ハーモニーボールを愛で満たすのです。

次にハーモニーボールの中心部に集中します。今から人生に起きてほしいことを思い浮かべてください。あなたが一家の主で、家族を代表してこれをやっているのなら、みんなの願いもこの中に入れます。イメージはできるだけリアルでカラフルにしてください。音、匂い、味や肌触りなどもありありと思い浮かべます。満ち足りた表情のあなたと家族を登場させることを忘れないように。心の底から望むことは、ハイアーセルフ（大いなる自己）から与えられた、あなたがこの世でやりとげるべきことなのです。やりたいことがはっきりしていない人は、今後の人生にさらなるひらめきが与えられることを想像します。心の中で「これらのことか、あるいはすべての人にとってさらによいことが訪れますよう」と唱えて締めくくります。

それからハーモニーボールを持って、玄関から最後の一周を始めます。ボールを振りながら、あなたがイメージしたものを家の中全体へと振りまくのです。エネルギーが新鮮なうちに、手早くしなくてはなりません。音を豊かにするために、追加のハーモニーボールを加えてもいいでしょう（私は通常3個使います）。バリ製のものは涼やかな音がして、まるで何千人もの妖精が手伝いをしてくれているような気分になります！

各部屋に入るごとに、ハーモニーボールから美しい光が射しているのをイメージし、深呼吸をして新しい人生を肺いっぱいに満たしてください。玄関のところに再び戻ってくるころには、あなたの家はすばらしい未来で満たされています。

ハーモニーボールがない場合は、小さな鈴で代用してもいいでしょう。あるいは、ボールを包み込むように両手を丸めて、中でエネルギーの玉を作ることを想像し、それを部屋の中に放してあげるのでもかまいません。

イメージを思い浮かべるだけでスペース・クリアリングをすることは可能かどうかと、ときどき聞かれます。もちろん座ったままイメージの中でエネルギーを家全体に送り、クリアリングをすることも可能です。でも実際に歩き回って行う効力にはかないません。

## スペース・クリアリングのコツ

### カルカッタの夜

スペース・クリアリングの思い出でもっとも記憶に残っているのは、私が若いころ、バックパック旅行でインドのカルカッタに行ったときのことです。泊まったホテルの部屋には、ゴキブリの死骸《しがい》が山ほどありました。ベッドのはしに腰かけて、寝ている間にゴキブリが体の上にのってきたらどうしようかと鳥肌をたてていた自分をありありと思い出します。そこで突然ひらめいたのです。ゴキブリはアストラル・ライト（第四章参照）の中でもっとも低いレベルを好みます。だからあれほど嫌われるのです。スペース・クリアリングによってアストラル・ライトのレベルを上げれば、彼らは私の空間に来なくなるでしょう。私は起き上がるとお香をたくさんたいて、部屋全体をスペース・クリアリングし、エネルギーのレベルを上げた後にシールドをかけて、再びベッドに戻りました。それでもあまりぐっすり眠れませんでしたが、その夜は結局ただの1匹もゴキブリを見かけませんでした。

「もしかしたら、ここにはもう生きているゴキブリはいなかったのかも」と私は朝になって思いました。チェックアウトのために廊下へのドアを開け、何も考えずにシールドを解きました。そのとたん、いったいどこに潜んでいたのかと思う数のゴキブリがわさわさと出てきて、慌てて荷物を拾い上げた私の足元を通り抜け、部屋へ入っていったのです！

それ以来、私は南国のホテルに行くと必ずこれを実行し、以来ゴキブリに一度も悩まされたことはありません。最近オーストラリアの友達のところに行ったときは、私が滞在中の2週間ゴキブリが姿を消し、いなくなったら再び出てきたことに彼らが驚いていました。これもスペース・クリアリングのおかげなのです！

## 旅行者のためのスペース・クリアリング

思い出深いカルカッタの夜、私はお香は持っていましたが、ベルなど通常のスペース・クリアリングに使う道具は他に何もありませんでした。私にあったのは強い意志と、即興でアレンジする能力だけだったのです。あなたがよく旅行をする人ならば、旅行用に携帯セットを作っておくと便利です。お香、キャンドル、マッチ、小さなびんに入った聖水、密封する容器に入った塩少々、そして小さなベル。お供え物に使う生花、果物、コイン（第九章参照）などは現地で調達すればいいでしょう。

## 家を定期的にチェックする

初めてスペース・クリアリングをするのは、大掃除に似ています。可能な限り徹底して、家の中をすっきりとさせ、明るいエネルギーで満たすのです。でも時間がたつにつれ、再びエネルギーが滞ってきますので、定期的にチェックをしなくてはなりません。

家や人によっては、すぐにエネルギーが滞ることもあります。あなたの家の風水、あなたの人生の状態、あなたの性格など、さまざまな要素によって違います。通常の場合、最初のスペース・クリアリングを行ったあと、1か月か2か月ごとに手でエネルギー感知をするエクササイズを行って、家のチェックをすることをお勧めします。もしやりたいのなら、毎週スペース・クリアリングを行ってもかまいませんが、普通そこまでの必要はありません。特にきれいにしたいエネルギーがある、または人生の転換期が来たという場合を除くと、通常は年に1度か2度で十分です。その間、家の中をいつも気持ちよく保っておくためには、次に紹介するメンテナンスのスペース・クリアリングを月に1度、掃除のあとに簡単な空間のリフレッシングを週に1度行えばいいでしょう。

## メンテナンス・スペース・クリアリング

ここで必要なのはキャンドルと花のお供え物、お香とお香たき、マッチとベル、聖水です。お供え物を家のパワーポイント（物理的な中心である必要はありませんが、家全体のエネルギーを感じることができると思うスポット）に置きます。お皿の下に、葉っぱを置くことを忘れないようにしてください。お香たきの中に入れたお香をその横に置いて、キャンドルとお香に火をつけ、聖水を花に振りかけます。心を静めて、家のエネルギーを感じるよう集中してください。もしそうしたければ、目に見えない精霊に手助けをしてくれるよう祈ってください。

玄関のところから始めて、家の中をくまなく歩き回り、角に来たら拍手《かしわで》を打ってください。2回目は聖なるサークルを描くためベルを鳴らしながら歩きます。シールドを強化して、空間全体に生き生きとしたエネルギーを吹き込んでください。

## 空間のリフレッシング

簡単で効果的な空間のリフレッシングの方法は、ラベンダーオイルと水を混ぜたものを空中にスプレーする、あるいは美しい音楽をかけることです。この本の第二部に書いてあるテクニックの中から好きなものを選んでください。

## 重要な注意事項

この本に書かれているスペース・クリアリングの技術は、個人使用のためのものです。職業としてスペース・クリアリングを行うには、たくさんのエネルギーを取り扱うためにさらなる情報とトレーニングが必要となります。人と家とのつながりは深いため、スペース・クリアリングを行うことは、そこの住人のプライベートなエネルギーと接することになります。それに備えたトレーニングを積んでいない人は、不本意な結果を招きかねません。他人の人生に影響を与えるだけではなく、あなたの健康にも影響が及ぶことですので、本書の情報は正しくご使用ください。

## 基本的スペース・クリアリングのチェックリスト

**準備**

1 恐怖心がある場合、あるいは心霊現象があると思われる場所では行わないこと。この技術は完全に安全ですが、日常的に使用する目的で開発されたものなので、お祓《はら》いには向きません。そのような目的の場合は、熟練したプロに任せてください。

2 他人のスペースでスペース・クリアリングをする場合は、必ず事前に許可を取りましょう。

3 スペース・クリアリングは体調万全で、精神的に安定した、集中力のあるときに行いましょう。

4 妊娠中、生理中、完治していない傷のあるときにスペース・クリアリングを行うことは避けてください。

5 あなたの人生がどのように展開していってほしいのか、時間をかけて考えること。誰かと同居をしているのなら、相手の意見も聞きましょう。

6　もっとも効果をあげるために、事前に整理整頓、掃除をすること。まずいらないものを整理して、床を掃き、モップか掃除機をかけましょう。
7　スペース・クリアリングを始める前には、お風呂に入るかシャワーを浴びましょう。それが無理ならせめて顔と手を洗ってください。
8　食べ物、飲み物は戸棚の中にしまうか、あるいは密封できる容器に入れましょう。
9　ジュエリーなど金属類は体からはずしましょう。可能なら裸足で行います。
10　同席する人があなたの意図を完全に理解しているのでない限り、一人で実行してください。
11　BGMはかけずに静かな環境で行いましょう。扇風機など、音の気になる電化製品類は可能だったらスイッチを切ってください。
12　ドアや窓を開けておきましょう。
13　パワーポイントを決めて、スペース・クリアリングの道具を用意しておきましょう。
14　腕まくりをして、手の感度を強めましょう。

**手順**

1　その空間と自分の波動が合うよう、時間をかけます。心の中で自己紹介をし、何をやりたいのか宣言します。

2　玄関口から、エネルギーを感じながら家の中を歩き回ります。そのとき、手の感覚をはじめ、すべての感覚を駆使します。

3　キャンドルに火をともし、お香をたき、お供えの花に聖水を振りかけながら、家の守護霊と、地、水、風、火の精霊に祈りを捧げます。そして、守護天使、あるいは守護霊など、自分にとって身近な存在に心の中で呼びかけます。

4　滞っているエネルギーを散らすため、家の中の角々で拍手を打ちます。それから流水で手を洗います（これは決して忘れないこと）。

5　ベルで空間を清めます。

6　空間にシールドをかけます。

7　空間をあなたの意志、光、愛で満たします。

# 第二部　部屋を清める方法

# 第八章　音で清める

第二部では音と、地、水、風、火の4つのエレメントを使って清める方法に触れます。またスペース・クリアリングについてもさらに詳しく説明し、さらに第一部の第七章で紹介した基本的な手順に代用できるバリエーションについても述べましょう。またスペース・クリアリングを使ってあなた自身のエネルギーフィールドをきれいにする方法についても触れます。この章では音を使って清める方法を紹介します。

## 拍手《かしわで》

私が知る限りでもっとも強力なスペース・クリアリングは、音の反響を使う方法です。音の波動は、物体に浸透して、急速にエネルギーの変化を促します。デニス・リンが本書に寄せてくれた序文のエピソードの中で、彼女が部屋の中に入ってくる前に私がやったのはある種の拍手《かしわで》のテクニックだけでした。シンプルながら、とても効果的です。音の波動が、滞ったエネルギーの塊を散らしてくれるのです。

昔の中国の人たちも、拍手の効果を知っていました。中国の劇やダンスは、今の西洋のように大衆に向けて作られたのではなく、神に捧げるものでした。その場で見ることができた人々は決して拍手《はくしゅ》をせずに、静かに席を立ったのです。いま見たもののエネルギーをそのまま大切に持ち帰るためでした。でも彼らは、始まる前にはあたりをきれいにするために拍手をしたのです。

私のワークショップに参加した人々は、拍手《かしわで》を効果的に使っています。ある男性の車はいつも故障していました。彼はあるときひらめいて、車の中で拍手を打ちました。それから何か月もして、彼は「それ以来一度も車の調子が悪くなったことがない」と私に報告してきたのです。「おかげで膨大な修理代が節約できました！」と付け加えました。

あなた自身のエネルギーをリフレッシュさせたいのなら、オーラの周辺で30秒ほど拍手を打ってみてください。特に頭と足元を念入りに。自分でやっても、友達にやってもらってもかまいません。頭がぼーっとしているときに、もっとも早く、安全に、そして効果的に頭をすっきりさせる方法は、両耳の近くで拍手を打つことです。

## ドラムを叩く

シャーマン（巫術師《ふじゅつし》）の仕事は、必ずドラムのリズムに基づいています。バリでは、ガムランという、打楽器を主体としたオーケストラが有名ですが、25人から50人のオーケストラメンバーをリードするのは、2人のドラマーです。リーダーのドラマーはガムランオーケストラの中でもっとも尊敬されており、ほかの楽器もすべて演奏できなくてはなりません。

スペース・クリアリングでは、ドラムは拍手と同じように、効果的に使うことができます。デニス・リンは独自に、非常に高いレベルでドラムを駆使する手法を創《つく》りあげました。これについては、著作『Sacred Space（聖なる空間）』の中に、詳しく書かれています。

## その他の打楽器

何年かかけて、私はスペース・クリアリングに使えるさまざまな打楽器をためこみました。打ち木、ガラガラ、マラカス、そして押すと鳴るおもちゃなど。中でも一番受けもよく、笑いを誘うのは、シリアルのおまけに入っていた小さなプラスチック製のおもちゃです。押すと漫画のキャラクターの声のような音を出し、喧嘩《けんか》があった部屋の毒気を抜くためには、もっとも効き目があります。あなたもおもちゃ屋さんで、同じようなものを見つけてみるといいでしょう。

## ベル

質のいいベルの音は、拍手《かしわで》ではきれいにしきれなかった停滞エネルギーを解き放ちます。音が生み出す聖なるサークルは、あなたの家の中で長い間反響してくれるのです。私がスペース・クリアリングを行った家の人から、1か月もたつのに時々ベルの音が聞こえたという報告がしょっちゅうあります。キリスト教の鐘が日曜日の朝に鳴らされるのも、もともとは大きなスケールでスペース・クリアリングを行うことが目的でした。最初に鐘を鳴らし始めた人々は、そのことをよく知っていたに違いありません。

私はベルが大好きで、この20年間で世界中のベルを集めました。最初のころはどんなベルでも手元にあるものを使っていましたが、今ではベルに関しては目利きになりました。

## 私のバリ島のベル

私のスペース・クリアリング歴の中でも重要な、すばらしいエピソードなので、これについてはぜひ詳しく書きたいと思います。

貧しい小さな村での火葬の儀式に招待されたのは、私がバリ島についてちょうど3週間目のことでした。その儀式はとても興味深く、喜びと彩りにあふれたドラマチックなイベントでした。集まってきた何百人もの人々はもっとも上等な服に身を包んでいました。寺院の横にある小さな広場で、きれいに積み上げられた薪《まき》の山に火がつけられたのです。

遠くから、それまで聞いたこともないような美しいベルの音が時々響いてきました。それがいったい何なのか、確かめずにはいられませんでした。人込みをかきわけて近づいてみると、白い衣装を着た尼僧が小さなテーブルの上に座っていました。テーブルの上の彼女の周りにはお香がたかれ、美しい花びらと、ヤシの葉で編んだバスケットに果物が盛られていました。彼女の前には銀のつぼに入った聖水があり、お経をとなえながら聖なる草にそれをひたして目の前の供え物に振りかけています。

私が近づくと彼女は草を置いて、左手できれいなベルを持ち上げました。右手を使って優雅なしぐさで花びらと聖水に何かをしながらお経をとなえ、リンリンリンとそのベルを何度か鳴らしました。私は招待してくれたバリ人の友達に、「あれと同じようなベルが欲しいわ。どこで手に入れられるかしら?」と聞きました。その友達は私がそのベルを気に入ったことで誇らしげに微笑《ほほえ》みましたが、できるだけやさしい口調で、あれは僧と尼僧のためのもので一般人が手に入れることはできないのだと説明したのです。

それからしばらく、私は何人かのバリ人の友達に聞いてみたのですが、みんな口を揃《そろ》えて西洋人があのようなベルを手に入れることはできないと繰り返しました。ただあのベルがどれほど不思議な力を持っているかという話をするだけで、どこで作られているのか、誰も教えてはくれません。そうした話を聞いて、私はますますそれが欲しくなっていったのです。

私は祈り、願いをかけながら、行く先々で手に入れる方法はないかと聞き続けました。そんなことが、およそ1年も続いたのです。そしてついに奇跡的に、私がなぜそのベルを欲しがっているのかを理解してくれる僧と出会い、彼が手助けしてくれることになりました。彼が教えてくれた行き先は、私が滞在していた場所から丸一日かかるところで、往復でバスを8回乗り換えなくてはなりませんでした。でも私にとって、そんなことは何でもなかったのです。私は必要なら何度でもそこへ行く覚悟を決めていましたが、おそらく意志の力のおかげで、何度も足を運ぶ必要はありませんでした。ベルを作っている家族のもとへ連れていってくれるという人に出会ったのです。

こうしてその一家との交流が始まり、さらに1年がたちました。私たちは、お互い親しくなっていきました。ベルの話をし、私は西洋社会でのスペース・クリアリングについて語りました。彼らから、バリでは、腕のいい鋳物《いもの》職人たちは「パンデ」と呼ばれる特殊な、高いカースト階級に属することを学びました。そして、僧たちのベルはハンドルが真鍮《しんちゅう》で、鐘の部分は銅と22カラットの金を混ぜて鋳ることを教えてもらいました。あれほどピュアな音がするのは、この材料と、先祖代々伝えられてきた特殊な技術のためでした。

制作を始めるのは、必ず満月のときだそうです。1つのベルを作るのに2か月要し、1つの段階が終わるごとに、その純粋さを保つためにバリの神々に供え物が捧げられるのでした。ベルができあがると、僧も尼僧も使う前に必ず儀式を行ってそれに命を吹き込むのです。儀式はバリのカレンダーで選ばれた特定の日に、寺院で行われました。

こうして作られたバリのベルは質がいいため、毎日僧たちに使われながら次の世代へ受け継がれ、おそらく何百年も使われていくのでしょう。新しいベルが必要になった場合、材料費、制作技術、それを清める儀式に必要な供え物など、村全体からの寄付が必要になるのでした。

よいころあいを見計らって、私の仕事のためにベルを1つ作ってくれないかと頼みました。すると嬉《うれ》しいことに、彼らは同意してくれたのです。この一家を探す手助けをしてくれた僧が、それを清める儀式をあげてくれました。

以来、ほとんど毎日そのベルを使っています。それまで使っていた多くのベルの仕事がそれ1つですみ、さらにそれ以上の成果があげられるのです。私はそれに「すべてのベルの母」と呼び名をつけました。

それが1992年のことです。あれからそのベルをイギリスに持ち帰り、スペース・クリアリングの仕事やワークショップでの講習に使用してきました。1993年、イギリスで風水とスペース・クリアリングのちょっとしたブームが巻き起こりました。

私のワークショップを受講した人たちから、スペース・クリアリングに使える質のいいベルはどこで手に入れることができるのかという質問が殺到し始めました。イギリス中を探したのですが、これぞというベルを作っているところはなく、私にできることは、古道具店や東洋の楽器を扱っている店を探してみては、と勧めることだけでした。

その年、私はいつものように冬になるとバリ島に戻りました。数か月様子を見たのち、私はベルを作っている一家に相談をしました。彼らはしばらく考えてから、スペース・クリアリングと瞑想《めいそう》など神聖な目的のみに使用し、大切に扱うことを確約できる相手にしか渡さないという条件付きで、ベルをいくつか作ってくれることになったのです。彼らは私を信頼してくれ、私は約束を大切に守ってきました。また彼らは、次々と外国人が彼らのところにやってきてベルを欲しがるようなことが起きないこと、そしてこの聖なる品物を店で売ることは絶対にできないことを繰り返し念押ししました。

本書を執筆中の現在までに、西洋にやってきたこのバリのベルは50個になりました。オーストラリアに8個、アメリカに1個、残りはイギリスにあります。あなたもバリのベルがほしくなるかもしれませんが、どうぞバリに行くことがあってもベル職人の意思を尊重して、そっとしておいてあげてください

## バリのスペース・クリアリング・ベル

何年もワークショップを教えている間に、ベルの入手は私の悩みの種になりました。私自身が使わないようなベルを、生徒に勧めることはできなかったのです。

そこで1995年、私はバリのベル職人のところにまた相談に行きました。寺院用のベルを簡単にしたものを作ってもらうことはできないかと頼んでみたのです。そしてやはり手作りで音がいいけれど、少し小さく、持つところは真鍮ではなく木のものを。こうしてスペース・クリアリングに使えるベルを、私たちは一緒にデザインすることとなりました。今ではこのベルを、メールオーダーで注文することができるようになったのは、喜ばしいことです（※編集部注…カレンのホームページ［アドレスは320ページに掲載］から注文することができますが、英語のみでのやりとりとなります）。

## ベルの手入れ

あなたにとって大切なベルがすでにあるのなら、使っていないときに保管しておく特別な場所を決めましょう。私はバリの習慣にしたがって、誰の足も向かない、高いところに保管しています。ほかの人にもそのベルを貸すかどうかは、あなたしだいです。でも音の純粋さを保ちたいのなら、誰がどんな目的でそれを手にするのか、きちんと吟味《ぎんみ》したほうがいいでしょう。私は今ではバリのベルを2つ持っています。一つはワークショップで使用するもので、必要なら生徒にも触らせます。もう一つのベルはまったく同じ形のものですが、私とパートナーしか触れないようにしています。この2つのベルのエネルギーレベルは、明らかに違います。

注意を向けると、ベルはあなたに、どんなことが必要なのか教えてくれます。私が初めてバリからベルを持ち帰ったとき、とても才能あるパーカッショニスト、ショーン・ミリガンと会いました。彼はバリ島に行ったことはありませんでしたが、驚いたことにベルを手に取ると、熟練したバリの僧侶とまったく同じ方法で鳴らしたのです。なぜこのベルの鳴らし方がわかったのかと訊ねると、彼は肩をすくめてこう言いました。「ベルが教えてくれたんだもの」。

## ベルでチャクラバランスを整える

私のワークショップでは、ベルを使ったチャクラバランスの整え方をよくデモンストレーションします。まず誰かに、背もたれがまっすぐな椅子《いす》に座ってもらいます。両手は離して力を抜き、膝の上に。脚は組まずに下におろします。私がやろうとしていることを説明し、目を開けたままがいいか、つぶったほうがいいかは本人の選択に任せます。そして相手の正面から斜め45度の位置に立ちます。

相手のベースチャクラ（背骨の基底部）の位置に、15センチほど離れてベルを持ちます。そして、つま先まで息をめぐらせるつもりで深呼吸をするよう、告げます。その深呼吸の間、私も相手と呼吸を合わせ、それから普通の呼吸に戻ってもらいます。吐く息の最後のほうでベルを鳴らし、ゆっくりと上に移動していきます。15センチの距離を保ったまま、横向きに座った相手のボディラインに沿って動いていきます。みぞおち、心臓、喉《のど》、額《ひたい》、そして頭の上およそ30センチの位置までベルを鳴らしながら移動させます。そして仕上げとして、ベルを半回転させる動作をします。こうすることにより、効果がロックされて長持ちするのです。

通常こうして、2、3回往復します。そのたびに相手に始める旨を告げ、呼吸を相手とシンクロさせてからやるのです。3回やってもバランスが整わない人は、これまでほとんどいませんでした。

個人のコンサルテーションでも、ベルを鳴らしながら家の中を歩き終わったあと、こうしてその人のチャクラバランスも整えるようにしています。それによって相手とのつながりがより深いレベルに達し、多くの情報を得ることができます。そしてその情報は、とても正確です。かつてセラピストとしてクライアントの体に接していた当時、私は「体は嘘《うそ》をつきません」とよく口にしていました。今では「ベルは嘘をつきません」というわけです。

ワークショップでチャクラバランスを整える場合は、6人ほど選んで残りの受講者と向かい合わせに座ってもらいます。そして列のはしから1人ずつやっていくのです。2人目か3人目になると、ベルの音が人によってまったく違うことを実感した受講者たちの間から、驚きの声が漏れてきます。ベルはその人のチャクラの状態に合わせて、残響が変わるのです。健康な人の場合は音が澄み、よく響きます。でも不調な箇所があるる場合は、音が低くなり、すぐに消えるのです。そして普通は背骨の根元のベースチャクラから頭のてっぺんのクラウンチャクラまで行く間に、何度か調子が変わります。2度、3度とやっていくうちに、変化がはっきりとわかります。音が、常套句《じょうとうく》で言うと「まるでベルのように澄み切って」いくのです！　またこれを実行していて興味深いのは、見ている人たちが少なくとも6人中の誰か1人と同調し、自分も調整してもらったような気分になったと告げてくることでした。

同じようにして、あなたも自分でベルを使ってチャクラのバランスを整えることができます。立っていても座っていてもかまいません。ただこれに使うベルは、可能な限り質のよいものでないと、害のほうが大きい場合があります。

ベルに関してもっとも感動的な思い出は、ある幼い男の子のことでした。彼の両親の家にスペース・クリアリングのために到着すると、恥ずかしがり屋の彼はテーブルの下に潜りこんでしまいました。でも私がかばんを開けてきれいな真鍮や銀の用具を並べだすと、彼の中の好奇心のほうが打ち勝ったようでした。ハーモニーボールを使うころには、彼は私のアシスタントになっていたのです。私たちは一緒に家の中を回り、私が部屋の上部を担当し、彼はテーブルや机の下を受け持ってくれました。セッションが終わると、私はベルを使ってチャクラバランスを整えることを申し出ました。まず父親、そして母親を終えてから、私は少年を見て「あなたもやってみたい?」と聞きました。彼はうなずくと、椅子の上によじのぼりました。私が作業を終えると、彼は椅子から降りて一言も発しないまま2階の自分の寝室に走っていきました。そして大切な宝物を手にして、すぐに戻ってきたのです。彼の「お気に入りの毛布」でした。彼はそれを椅子におくと、私に頼み込むような視線を向けました。私に、毛布のチャクラバランスを整えてほしかったのです! 毛布のチャクラを整えるのは初めての体験でしたが、私はともかく実行し、そしていい手ごたえがありました。あれはとても光栄な、心を打つ体験だったのです。

## シンバル

スペース・クリアリングにシンバルを使うこともできますが、やり方はちょっと違います。歩きながら小さなシンバルを鳴らし、それを上下させてください。壁全体に音を反響させるのです。最初にスタートした場所に戻ってきたら、今度は部屋の真ん中に行ってシンバルを鳴らし、エネルギーのバランスを整えます。

## シンギングボウル

これを使ってスペース・クリアリングをすることもできますが、ベルほどの効果はありません。鉢形をした金属の器とバチで構成されるシンギングボウルは、ベルの形よりも元来が女性らしく、本来の性質が受身にできています。また持ち歩くのも、ベルよりも不便です。でもシンギングボウルはスペース・クリアリングが終了したあとで、美しいエネルギーを招くことには向いています。

## 銅鑼《どら》

これはシンギングボウルよりもさらに持ち歩きは不便ですが、スペース・クリアリングにはとても効果的です。銅鑼の音は深くパワフルで、古代から受け継がれてきたものです。建物の中に置いておけば、通り過ぎる人々は必ず叩《たた》いてみたい衝動にかられるでしょう。

大きな銅鑼の音は家の中のものすべて（あなたも含めて！）に浸透し、それを清めて活性化します。バリのガムランオーケストラにはさまざまな種類の銅鑼が入っていて、鉄琴とにぎやかに合わせながら神へ捧げる音楽を奏でるのです。

## ウィンドチャイム

ウィンドチャイムのデリケートな音はスペース・クリアリングではあまり用いることはありません。しかし、空間の純粋さを保つ日々のメンテナンスにはうってつけです。アメリカには目覚まし時計代わりに使える、電気仕掛けのウィンドチャイムもあります。これらは風水の配置に合わせて使うのがベストでしょう（第十九章参照）。

## 音楽

部屋の中のムードの入れ替えをするには、音楽はとても役に立ちます。しかし、歌詞のついた音楽の場合、あなたに悪い影響を与えることもあるので、注意してください。言語は潜在意識に強い影響を与えるので、ネガティブな歌詞を繰り返し聴いていると、あなたの心の中にネガティブなプログラムが組み込まれてしまうのです。

## お経と歌

あなた自身のエネルギーが直接流れる声を、スペース・クリアリングに使うのはとても楽しい体験です。人の声は、どんな楽器よりも強力なツールになる可能性を秘めています。

初心者にとって、お経はもっとも簡単な方法です。あなたにとって意味のあるお経を選び、それを何度も何度も唱えるのです。お経はそのほとんどがサンスクリット語で、これは世界でももっとも古いとされる言語です。ハリ・シャルマは著書『Freedom from Disease（病からの解放）』の中で、「言語とは発明されたものではなく、周辺の知性の波動を聞き取ることができる能力を得た人々によって記録されたのである」と言っています。意味がわからなくても、言葉の波動によってあなた自身と、部屋の中の空気を変えることができるのです。お経を唱えることで、部屋の空気を変えることも、あるいはリフレッシュさせることもできます。

歌を歌うことも、部屋の中のエネルギーレベルを上げるのにとても効果的です。落ち込んでいるときに、歌おうとしたことがありますか？　とてもそんな気にはなれないでしょう。心がウキウキしているときに歌を歌うことで、部屋の中も喜びに満ちた空気でいっぱいにできるのです。

## 声を使うトーニング

声を使うトーニングとは、お経のようにきちんとした形になったものではありません。でもその効力は、お経と同じくらい強力になる可能性を秘めています。この手法は将来、スペース・クリアリングだけではなく、ヒーリングなどにもますます利用されていくようになるでしょう。

トーニングは、あなたの内部から湧き上がってくるものです。状況が許すなら、今この本を読みながら息を吸い込んで、口を開け、そして音を出してみてください。音をあなたの内側から、ごく自然に、力強く湧き上がらせるのです。同じ音程を保ちながら、口の開け方、唇の形を変えることでさまざまな音が出てきます。これにより、あなたが、自分自身をトーニングしていることになるのです。

スペース・クリアリングでトーニングを使うには、まず心の中であなたと部屋との波動を合わせてから、それにもっとも適していると感じる音を出してください。壁に向かって、自分の声を使ってベルで行うようなトーニングを実行するのです。

トーニングで物体を清めることもできます。口の高さまでその物体を持ち上げて、力強く声を出してください。大きな物体ならば、頭を動かしてその隅々にトーニングが行きわたるようにします。小さなものなら、手のひらにのせて実行すればいいでしょう。

# 第九章　地、水、風、火を使う清め

風水とは、住んでいる環境と調和を保つということで、主に地、水、風、火の4つの要素を対象にしています。昔の文明はこの4つの要素のパワーをよく理解していて、西洋では、地の精を「ノーム」、水の精を「オンディーヌ」、風の精を「シルフ」、そして火の精を「サラマンダ」と呼ぶように、世界各地でそれぞれの呼び名がつけられていました。これらの要素は、私たちが日常的に使っている電気が出す熱い波動を嫌います。それでも可能な限りは、私たちの近くにいるのが大好きなのです。スペース・クリアリングにおいて準備が大切な理由の一つは、これらの「自然の精」たちを招待しやすい環境を作り上げるためなのです。

## 地による清め

国によっては寺院に入るときに、靴を脱がなくてはならない所もあります。それは不浄なエネルギーを外に残し、足を通して地のエネルギーが体内に入ってくるように、という意図なのです。聖地巡礼をするのは、それらの聖地の地面にたくわえられた古代のヒーリングパワーと結びつくためでした。母なる大地の要素を使わない清めの儀式など、ありえないのです。

## 花

西洋社会の習慣では男性が愛する相手に花をあげますが、バリ島では花を捧げる相手は神々だけです。午後になるとあちこちの路上で、ココナッツの葉できれいに編んだかごに入れられた生花が売られます。それは家の聖壇に供えるためのものなのです。彼らは地面のもっとも上に花開いた部分を、地の精にお供えにしてお返ししているのです。

スペース・クリアリングでも、清めの儀式でも、花は大切な役割を果たします。必ず新鮮な花を使い、もし可能ならあなた自身で摘んでください。手折《たお》る前に、花に許可を得ることを忘れずに。

日々の生活でも、花の香り、色、その存在は、場所に大きな影響を与えます。美しい切り花、あるいは花を咲かせる可愛い植木鉢は、どんな環境でも明るくしてくれるのです。

## 石

スペース・クリアリングを終えたあと、エネルギーをそのまま保つもっとも簡単な方法は、部屋の四隅に石を置くことです。私はいつも、海岸や河原で見つけられるような丸い石を使います。テントが風で飛ばないように四隅に石を置くのと同じように、石がエネルギーをその場にとどめておいてくれることをイメージしてください。

## コイン

石の代わりに、持ち歩きに便利なコインを使うこともできます。ワークショップで教えるときに、必要だと感じたら教室の四隅にコインを置くこともあります。それによって、部屋の中で高いエネルギーレベルを保つことができるのです。私が使っているコインは直径およそ2・5センチで、色はさまざまです。必要に応じて角ごとに色を変えることもあるし、同じ色のものを四隅に置くこともあります。

## 塩

世界中の海の塩を集めると、全大陸を150メートルの厚さの塩の層で覆うことができるそうです。世界のどの文明も、塩を清めに使ってきました。ヨーロッパでは、夜寝る前に平和な眠りを願って玄関先に塩をひとつまみまく習慣がありました。エジプトのある地方では、イスラム教徒が日中に断食をして自分を清める儀式であるラマダンが始まるときに、床に塩をまく習慣があります。日本の相撲では、取り組みの前に土俵に塩をまいて清めます。

スペース・クリアリングにもっとも適している塩は、精製されていない海の塩、あるいは岩塩です。それは使うときが来るまで密封できる容器に入れておきます。塩は空気に触れたとたん、たちまち周辺の不浄なものを吸収し始めるのです。

私は塩の手触りが好きで、いろいろなものに使います。スペース・クリアリングの効力を増すために、各敷居に塩で線を引き、特に玄関は丁寧にやります。それが終わってから建物の中を歩き回って、拍手《かしわで》などの手順を終えます。さらに徹底したクリーニングを行う場合は、各部屋の四隅と中央に塩を盛ります（小皿に盛ってもかまいません）。もっと徹底的にきれいにしたい場合は、あちこちに塩をまきます。

できれば24時間ほどそのままにしておいて、それから掃くなり、掃除機をかけるなりしてください。小皿の塩もやはり24時間置いておき、滞っていたエネルギーがかなりの量だったら盛り塩を毎日新しくしながら1週間ほど続けるといいでしょう。塩を捨てる場所は、海か川が理想です。内陸部に住んでいる人はお手洗いに流してください。スペース・クリアリングに使った塩は、絶対に、その後料理に入れてはいけません！

ヒーリングや瞑想《めいそう》に使っている部屋がある人は、そこにも盛り塩をしておくといいのですが、毎日新しくすることを忘れないでください。不浄物を吸収した塩は、エネルギーの波動を下げてしまいます。また眠りの質を上げたい人は、枕元に盛り塩をするか、ベッドの回りに塩でサークルを描いてください。

## クリスタル

地の浄化に使用するクリスタルは、風水のヒーリングによく使われる人工的に加工されたレインボークリスタルではなく、土の中から取り出されたままの、まだ磨いていないものです。

エネルギーを浄化し、きれいにとどめておくことをクリスタルにプログラミングすることもできます。そのためにはまずクリスタルを、聖水を使って、塩を用いずに洗います（塩でこするとクリスタルに細かいダメージを与えます）。もう一つの方法は、海の塩か土の中に埋めておくことです。状況によって1時間から丸1日まで、時間はさまざまです。あるいは白い光がクリスタルをきれいにしているイメージを思い浮かべて、古くなった波動を息ではらう方法もあります。あなたにとって、もっともいいと感じる方法を選んでください。

クリスタルにプログラミングするためには、まずその波動とあなたの気持ちを同調してください。敬意をもって、それに話しかけてください。手にそれを持って、「あなたの仕事は……」と語りかけます。クリスタルは、あなたがもういいと言うまでそれをし続けます。もう一つの方法は、あなたが望むことをイメージで焼き付けることです。あるいは心臓の部分にクリスタルを持ってきて、望みを伝えます。私はこの3つを組み合わせて行っています。

クリスタルを用いるときは、第一部（第六章）で説明したジュエリーと同じように、これが単なる装飾品ではないことを理解していなくてはなりません。クリスタルをたくさん並べたり、キャンディのようにボウルに混ぜて入れたりしてはいけません！　誰かの家でそれを目にすると、彼らの人生は混乱に満ちているのだと確信します。クリスタルにはそれぞれ独自の波動があり、独自のスペースが必要なのです。

クリスタルを使わないのなら、ただ引き出しの中に入れておいても力を封じ込めることはできません。アルミホイルに包む必要がありますが（クリスタルの力が反射して中に戻っていくように）、各クリスタルの波動の純度を保つためには、同じ種類のクリスタルだけ一緒に包むようにしてください。

## 水による清め

水は自然が与えてくれた優秀な浄化剤です。私たちの惑星には、聖なる泉に巡礼して、そこの水を癒《いや》しの水としてもらってくるという習慣があります。私は以前、イギリスのウースターシャーにあるマルヴァーンの聖なる井戸の近くに住んでいたことがありました。当時行っていたある特殊なクリアリングの仕事のため、毎日新鮮な井戸水を汲《く》んでくることのできる場所に住みたかったのです。ここの水は地球の内部で作られ、その感触も味もすばらしいものでした。マルヴァーンの水は純度の高さで知られていて、英国女王も飲料用に愛用しているそうです。ここにいる間に、私は水の持つ力の強さについて、多くのことを学びました。

## 純粋な水の水源

スペース・クリアリングでは、天然の湧《わ》き水を使うのが理想です。自然の滝から汲んできた水でもいいですし、汚染されていない川や小川の水（もし見つかるのなら！）でも結構です。湖の水は、洗い流すよりも蓄える性質があるので、スペース・クリアリングにはあまり向きません。蒸留水、炭酸入りの湧き水もお勧めできません。

## バリ島の聖水

バリ島では儀式には必ず聖水を用います。聖水の作り方自体がすでに芸術のように発達し、用途に合わせてさまざまな聖水の制作方法があります。病人の体を拭《ふ》くための聖水、ネガティブな考えを拭《ぬぐ》うための聖水、建物を清めるための聖水、といった具合です。

## 聖水の作り方

あなたが聖水を使う宗教の信者なら、神父さんから聖水をもらってきてもいいでしょう。そうでなければ、自分で作ることもできます。やり方は、まず特別な儀式を行う祭壇を作る、それが無理ならテーブルに布地をかけます。次に、清めの儀式以外には使ったことのないボウルを2つ用意して、片方に塩、もう一つに水を入れます。塩は密封された容器に入っていたものを使ってください。水は炭酸の入らない新鮮なもので、水源から取ってきたばかりのものか、あるいは栓を開けたばかりのものにしてください。

キャンドルをともして質のいいお香をたき、あなたのいる場所を香りで満たしてください。塩と水の入ったボウルの上でベルを鳴らし、不純物を取り除きます。キャンドルとお香をつけたまま、心を鎮《しず》めて2つのボウルの上に、それぞれ手をかざします。指先がボウルを指すように、下を向けて伸ばしてください。ボウルの向きはどうでもかまいません。あなたのクラウンチャクラから、指先を通して純粋なまぶしい光がボウルの中の塩と水の中に注がれていくことをイメージしてください。指先からエネルギーが流れていくのを、感じるかもしれません。

しばらくしたら、手を交差して続けてください。これはどちらのボウルにも、あなたの右手と左手からのエネルギーを均等に伝えるためです。これを数分間やったのち、ベルを鳴らしてください。その響きが消えないうちに、塩をひとつまみ水の入ったボウルの中に入れます。それから急いであと2つまみ（つまむ量はお好みに合わせて多少増やしても減らしてもかまいません）。合計3つまみの塩を入れました。塩のボウルをひとまずわきに寄せ、塩水になったボウルに集中します。今度は両手を使って、そのボウルにエネルギーを注ぎ、ボウルから逆にあなたの指にエネルギーがはねかえってきたと感じるまで（通常は数分で十分です）続けてください。この場に相応《ふさわ》しいと思うお経を知っていたら、ここで唱えてください。

私は通常こうして聖水を作ります。このほか、太陽の光、あるいは月の光、または聖地に一定時間放置しておくという作り方もあります。このどれかを組み合わせてもいいですし、自分にもっとも合っていると感じる方法を選んでもかまいません。

## 聖水の保存

聖水は塩なしでもできますが、入れたほうがエネルギーを長い間保存することができるのです。すぐに使い切るのがベストですが、保管するのならまだほかのことに使ったことのない容器に入れてふたをし、特別な場所に置いてください。家の中に祭壇が作ってあるのならそこがいいですし、なければあなたが特別な場所だと感じるところにしましょう。バリ島の人たちは、いつも目線よりも上の位置に保管しているそうです。

## 聖水の用途

あなた自身にとっても、毎日聖水に接するのはとても気持ちのいいものです。頭に振りかけたり、額、こめかみ、喉《のど》、手のひら、足の裏などのほか、すっきりしたい場所やヒーリングの必要な場所につけたりするのもいいでしょう。スペース・クリアリングの後には、家の中、特に敷居と角に、念入りに聖水を振りかけてください。花に水をつけてふるといいでしょう。家の中がすばらしくクリーンでリフレッシュした感じになります。病人がいたら、ベッドの下に塩入りの聖水をボウルに入れて置き、毎朝新しくしておきましょう。悪夢にうなされる子供にも、この方法は有効です。

## 聖水でものを清める

ジュエリーや中古品で、洗えるものであれば、聖水を使って清めることができます。簡単に聖水でそれを洗い、自然乾燥させてください。濡らすことのできないものは、第八章のトーニングを実行してください。自然のクリスタルを洗う場合は、塩を入れない聖水を使ってください。

## 海水、あるいは普通の塩水

家の中のエネルギーレベルを普段から上げておきたければ、海水（潮が満ちている最中に採集したもの）か、普通の塩水を洗濯の最後のすすぎに加えてください。あるいは床拭《ふ》きの水、家具や壁を拭く水、お風呂に混ぜてもいいでしょう。海で泳ぐのは、あなた自身を清めるのにとてもいい方法です。

## 霧吹き

部屋の空気を一掃したいときに私が使うもう一つの方法は、湧き水にラベンダーエッセンスのオイルを1、2滴たらしたものを霧吹きに入れて、空気中にスプレーすることです。空気をマイナスイオン化させる助けになりますし、ラベンダーの香りによって気持ちが明るくなるのです。手早い室内浄化として、セラピーやワークショップのセッションの間に空気を一掃するのに役立ちます。

霧吹きは、テレビやコンピューターなど家電が発するプラスイオンを融和させ、マイナスイオンに変えることにも役立ちます。この場合は、機材に水がかからないよう、床に向けてスプレーしてください。

## 水を飲む

スペース・クリアリングなど、エネルギーをたくさん使う作業を実行する前後には、水をたくさん飲んでください。それにより、あなた自身のエネルギーの流れもよくなるのです。

西洋人があまり水を飲まない理由は、水道水、あるいは湧き水でもペットボトルに長い間保管された水にあまり魅力を感じないからです。本能的に、これらの水からは生命力が失われていることがわかっているのでしょう。水道水と、新鮮な湧き水とは、天と地ほども違うものなのです。

水にエネルギーを加えたければ、インドのヨガで使う「プラナゼーション」を駆使しましょう。水をグラスに入れて、高い位置からもう一つのグラスに移します。飲む前にそれを何度か繰り返すと、水には新しい命が吹き込まれるのです。

## 枕元の水

眠りの質を向上させたければ、眠っている最中に周辺の不浄なものを吸収してくれるよう、枕元のテーブルにコップに入れた水を置いておきましょう。さらに強力にしたい人は、それにひとつまみ塩を加えておきます。この水は絶対に飲んではいけません！　朝になったら、捨ててください。夜の間に、枕元に飲料水を置いておきたい人は、ボトルやふたのあるカップなど、密封できる容器を使ってください。

## 清めのお風呂

キリスト教では洗礼を受けるにあたって、魂を清める意味で水の中に入ります。あなたも自宅で、清めのお風呂に入ることができます。

最大の効果を期待するためには、そのあと24時間はお風呂に入ったり髪を洗ったりしないほうがいいので、翌日に大切な予定が入っていない日に実行してください。

最初に、バスタブをきれいに洗ってください。お湯をためるとき、入浴剤やオイルなど、よけいなものを入れてはいけません。これは純粋にスピリチャルな清めのための入浴なのです。お風呂に入る前に、乾いたスキンブラシで肌をこすってください（特に心臓に向けて念入りに）。

お湯をためている間、あなたの中から何を取り除いてしまいたいのか、頭の中をきちんと整理しておきます。水があなたをきれいに清めてくれるイメージを強く思い描いてください。落としたいものがすっかりきれいに落ちたと感じるまで、お風呂につかっていてください。数分かもしれないし、数時間かかるかもしれません。冷めてきたらお湯を足しましょう。バスタブから出てきたら、できれば体を自然乾燥させてください。部屋が寒いのなら、バスローブをはおって髪をタオルで包みます。

さて、それでは色々な種類のお風呂をいくつか紹介しましょう。

## ベーキングソーダ／エプソムソルト風呂

ベーキングソーダ（重曹）は、パンなどを作るときにそれをふくらますために使われます。これをお風呂に入れると、あなたの魂も、健康もふくらますことができるのです！　バスタブに、およそ4分の1カップが適量です。強力にしたければ、ベーキングソーダの量を倍にして、塩をテーブルスプーン1杯、あるいは海水1パイント（約0・6リットル）、そしてエプソムソルトを1カップ入れてください。このタイプのお風呂は、ディープクリーニングの効果があります。お湯はできるだけ熱めにして、入浴後に冷たいシャワーを浴びて体を冷やしましょう。

## ハーブ風呂

新鮮なハーブがあれば理想ですが、乾燥したハーブでもかまいません。ティースプーン数杯分のハーブを小さなやかんで煮立てて10分ほど置きます。中身をこしたものをバスタブに注いでください。カモミールはリラックスさせると同時に気分を明るくする効果があり、ローズマリーは疲労感を除きます。セージは頭の働きがよくなるといわれていますし、風邪やインフルエンザにはショウガがよく効きます。

## エッセンシャルオイル風呂

このお風呂は肌を通して直接エッセンシャルオイルの有効成分が血管へ流れていくのと同時に、アロマの香りが鼻を通してあなたを癒します。アロマセラピーのオイルにはさまざまな種類があるので、今のあなたに何が合うのか、本を読んで調べるだけの価値はあるでしょう。選んだオイルがお風呂に入れることに適したものかどうか、買う前にチェックしてください。

## フラワーエッセンス風呂

フラワーレメディは、心や感情が原因の病、あるいは悲しみを癒すことに使われる療法です。

最初にこの療法が考え出されたのは、１９３０年代のことでした。イギリスのハーレー街の医者、エドワード・バッチ医師が38種類の花を使って恐怖心、不安、孤独感、悲しみ、神経症、嫉妬などを和らげる方法を処方しました（『The Medical Discoveries of Edward Bach, Physician』ノラ・ウィークス著）。

療法に使われるのは、湧き水に一種類、または何種類かのエッセンスを数滴混ぜたものでした。これは飲み薬として使われ、一度に数滴、一日数回用いられたのです。バッチ医師によると、ヒメリンゴの花のレメディは体をきれいにし、クルミのレメディは精神をきれいにしてくれるそうです。

## 花びら風呂

ちょっと贅沢《ぜいたく》な気分を味わいたければ、香りのいい花をたくさん買ってきましょう。そこから花びらだけを摘みます。しおれないよう、湧き水にひたしておいてください。パートナー、友達、あるいはプロの指圧師に頼んでリラックスマッサージをしてもらい、そのあとにお湯をたっぷりとためたバスタブに花びらを入れて、つかってください。香りをたっぷりと楽しみながら、こころゆくまでひたりましょう。手で花びらをすくって、エッセンスがしみこむように肌にこすりつけてください。気持ちを明るくするには、このお風呂がもっとも効果的です。このボディトリートメントはもともとインドネシアから来たもので、現地では王家にのみ許された贅沢でした。

## アルコール

アルコールを「火の水」と呼ぶ文化もあります。とてもパワフルな清めの道具ですが、気をつけて扱わないといけません。

米から作られた強いお酒は、中国とバリ島で地の精に捧げることに使われました。西洋の儀式では、ラム酒で代用することができます。家を清めるときに、家の前の地面と、敷地の四隅にまくと、より強力になります。

## 風による清め

スペース・クリアリングでは、肉体の健康面にとっても、アストラル・ライトのエネルギーレベル（第四章参照）にとっても、空気の質はとても大切です。きれいな空気で血液に酸素を送り込まなくてはならないのと同じように、できるだけ高いレベルのアストラル・ライトで自分のエネルギー体に栄養を送り込まなくてはなりません。

香りによって、接するアストラル・ライトのレベルが変わってきます。腐った残飯の匂いは私たちには不快なものですが、同じレベルのアストラル・ライトに属する生き物にとってはとてもいい匂いなのです。より高いレベルの香りは、より高いレベルのアストラル・ライトと結びつき、目に見えない世界の〝癒す存在〟を招くのです。

### お香

お香が世界中の多くの宗教で使われているのは、手早く空間の波動のレベルを上げることができるからです。お香によっては、とても高い波動を発するものもありますが、中には逆に、波動を下げるものもあります（特に人工的に化合されたもの）。一つ覚えていてほしいのは、お香の威力があるのは実際に香りが空気の中を漂っている間だけということです。ですからスペース・クリアリングに使う場合は、ほかの道具と併合して使用してください。スペース・クリアリングを開始するときに火をつけて、終わるまでずっとたいておきます。その際、あなたの好きな香りを選ぶことはとても大切です。

## エッセンスオイル

エッセンスオイルを香らせるのは、スペース・クリアリングにはちょっとデリケートすぎるのですが、クリアリングが終わった空間を維持するのには役立ちます。アロマセラピー用のセラミック容器に水を入れて、好きなエッセンスオイルを数滴加えます。それを下からキャンドルでゆっくりと暖めると、水とオイルが蒸発して、部屋の中にアロマの香りが数時間放たれます。化学的に合成したオイルではなく、必ず天然のものを使ってください。

## 火による清め

暖炉の火を見つめているだけで精神の疲れが取れ、あなたの体のエネルギーはきれいになります。火は4つの要素のうちで唯一、他を清めながら自らも清いままでいられる存在です。地、水、風は汚染したら一度きれいにしないといけませんが、火はそのままの清い状態を保つことができるのです。

バリの人たちは、建物が火事になると、そこで大きな清めを必要とする何かが起きたのに違いないと解釈します。そこの建物を再建する場合は、同じ災害に見舞われることを避けるために、以前の建物の土台を取り除くか、それが無理なら場所の波動を変えるために土地の名前を変えるのです。

## 火の儀式

古代から、世界中の偉大な宗教で、火による清めの儀式が行われてきました。ヒンズー教では聖なる母に捧げる火の儀式がありました。火はすべてのものが生まれてくる母の口に見立てられ、捧げ物を燃やすのは彼女に返すという意味なのです。捧げ物は米、ギー（バターを精製して作った油）、ヨーグルト、蜂蜜《はちみつ》、砂糖、花、果物、神聖なハーブ類などで、聖なるマントラを唱えることで、強力な清めの儀式となるのです。

## 暖炉

暖炉は家に心臓部を作ります。現代の西洋社会では、暖炉ではなくテレビが家族の集合の中心になったのは残念なことです。

あなたの家にちゃんと煙突の掃除が行き届いた暖炉があるのなら、その部屋はほかよりもスペース・クリアリングの回数が少なくてすむでしょう。もっともどのような燃料を使っているのかにもよります。煙の出ない燃料は環境にはよいものの、自然の薪《まき》の燃える香り、あるいはセージのような清めの効果のあるハーブを加えた火ほど効果的ではありません。薪の火で料理したものは、味もよくなります。もっとも世界中のほとんどの都市では、町中《まちなか》で薪を使用することは禁止されています。それに暖炉の熱の90%は煙突をつたって逃げてしまうので、暖房としては無駄が多いのです！

## キャンドル

キャンドルに火をともすときは、必ず何に捧げるのかを決めましょう。「このキャンドルをともして、平和の天使と調和をこの家に招きます」あるいは「このキャンドルの火で、家族全員が祝福されますよう」というように。あなたにとって自然に思われる言葉を使えばいいのです。

キャンドルはスペース・クリアリングに欠かせません。火をつけることで、すべてのものが活動開始になるからです。お供え物を並べてキャンドルに火をともす瞬間は、あなたが執《と》り行う儀式に集中するために大切なことです。

基本的なスペース・クリアリングでは、建物の中の主要な部屋すべてにキャンドルとお供え物を置きます。家の中全体のエネルギーが輝くように少し多めに置くと、さらに効果的です。別な言葉で説明すると、１か所のキャンドルの場所から次のキャンドルが必ず見えるように配置をするのです。そのためには、部屋の中だけではなく廊下にも置かなくてはならないかもしれません。

ただし、火の元には、よく注意してください。

# 第十章　意志の力、光、愛で清める

「意志の力」「光」「愛」はスペース・クリアリングに欠かせない要素です。どれほどこれらを儀式に取り入れることができるかにより、成果も変わってくるのです。

## 意志の力で清める

強い意志に支えられた知識は、この世でもっとも強力なもの。この本を読みながらごく軽い気分で拍手《かしわで》を打ち、ベルをちょいちょいと鳴らしても、ある程度の成果はあるでしょう。でも人生で手に入れたいものが何なのか、はっきりと描きながらスペース・クリアリングを実行すると、より深い、はっきりした効力があるのです。

## 光で清める

私たちは本能的に、家中を光で満たすと人生の質が向上するとわかっています。明るいアパートメントよりも、薄暗い地下室のほうが、ずっとエネルギーは滞りやすいのです。

徹底的にクリアリングをしたいのなら、あなたの家中すべての部分が光で満たされていることを強くイメージしてください。特に割れ目やへこみ、ホコリや油がたまりやすく、低いレベルのエネルギーが居心地よく居座りそうな場所を念入りに（できればスペース・クリアリングの前に大掃除をして、物質的にもきれいにしましょう）。

## 愛で清める

清めの道具で、愛ほど強力なものはありません。心に愛を持っていると、自分自身を癒すだけでなく、高いレベルの波動を発し、周りのすべてに影響を与えるのです。私たちは自分の家、地球、そして周囲のものすべての電磁層に影響を与えています。心臓は私たちの肉体、感情、精神、そして魂の健康に影響のある電磁層を作り上げています。現在では心臓の周波は心電図で測ることができます。これにより医師たちは、心臓にもっともよい影響を与えるものは愛で、最悪のものは恐れであることを確認しました。

スペース・クリアリングを行うときには、心を愛で満たしてください。キャンドルやお香、花の数はごまかしてはいけません。あなた自身をだましていることになるからです。心の中で、この広さならキャンドル6本が必要だと感じ、経済的にそれが可能なら、6本使ってください。でも1本しか使う余裕がなく、心の底から自分にできる限りのことをしたのだと思えるのなら、1本で十分です。

ルイス・L・ヘイの『You can heal your life（人生を癒す）』は、私に強い影響を与えた本ですが、その中にこのようなことが書かれています。

「私は自分を愛しています。だから快適な、心地よい家を私自身に与えましょう。そして部屋を愛で満たしましょう。入ってきた人は私自身も含めて全員、愛の波動で満たされるように」

あなたも、愛をこめてスペース・クリアリングを行い、それから日常的に家に愛を注いでください。ルイス・L・ヘイはまたこのようにも言っています。

「愛は使って与えるほどに、たくさん湧いてくるもの。それは尽きることがない」

家に愛を注げば注ぐほど、それはあなたに戻ってきます。なぜならそれはあなた自身を愛して、世話をしていることと違いないからです。そして自分を愛してきちんと世話をすることにより、他人に与えるものも増えるのです。愛の輪は、終わりを知りません。

# 第三部 さらに深いレベルの スペース・クリアリング

# 第十一章　引っ越しのとき

本書の第一部と第二部は、基礎的なスペース・クリアリングについての話でした。この第三部ではさらに上の段階について触れ、あなたのライフスタイルにスペース・クリアリングをどのように取り入れるかを考えていきます。

## 新しい家を選ぶ

昔は、人は生まれた家で死ぬまで一生過ごすか、引っ越したとしても同じ町内で暮らすのが一般的でした。でも現代社会では、そんなことはごくまれです。ほとんどの人は、最低1度か2度は引っ越しします。人がある場所、ある住まいに惹《ひ》かれるのは、ハイアーセルフ（大いなる自己）が本人に必要だと感じることを学べる環境に引き寄せているため。あるいはカルマの課題が残っているからなのです。あなたは「自分で選んだわけではない」「予算に限りがあったので」「パートナーが選んだから」「会社から割り当てられたから」と思っているかもしれません。でももっと高いレベルでの理由がきちんとあるのです。

私は、人から購入を考えている不動産物件の風水鑑定を頼まれることがよくあります。でもそこに引っ越すと今の状況とまったく同じことになり、進歩はないだろうと報告したことは数え切れません。

実際のところ、私たちはしょっちゅう人生の中でこのような状況に陥ります。ハイアーセルフが私たちに教えようとしている課題を学ぶまで、同じようなパートナー、同じような上司、同じような環境を繰り返し選んでしまうのです。もちろん、一生似たようなことを繰り返しながら、気がつかない人もいます。中には気がつくために、大きなトラウマを作る人もいます。しかし、あなたがハイアーセルフからのメッセージに注意を向ければ、あまり苦労をせずにすむのです。

私のクライアントの一人は、右角が欠けている家に住んでいました。第十八章で紹介している「風水定位盤」を見ると、家の右角は恋愛関係をつかさどる場所であることがわかります。そして彼女は、まさにいつも恋愛で問題を抱えていました。早く引っ越したいと願っていた彼女は、新しい物件を見つけるとすぐに、私に鑑定を依頼してきました。ところが、新しい家もまったく同じ箇所が欠落していたのです。私は中に入ると、そのまま出てきて、コンサルテーションはそれで終わりでした。私たちは自分でそのことに気がつかなかったことを驚いていました。彼女は自分のことはなかなか気がつかないものです。家を選ぶのも職場を選ぶのも、課題を学ぶまでぐるぐると同じような場所を回っているのです。

早く誰か新しい時代の不動産会社を作らないものでしょうか。すべての物件を風水できちんと整備し、すでに清められた状態にしておき、個々のクライアントのそれぞれの要求に対応できる会社を。近い将来、そんなことが実現するのではないかと私は思っています。

## 古い家を出る

引っ越す決意をすると、あなたのエネルギーは新しい場所を探すことに向けられます。そのことで、今住んでいる家との関係に差し障りが出てくるかもしれません。たとえば、もうあまり長いことそこに住まないと決めたので、ペンキを塗り始めた部屋を最後まで終えないとか、ゆるんだ水道栓を修理しない、というようなことです。そのことで、お金と時間は少し節約できるかもしれません。でも実は、あなたは自分自身にそれ以上の損害を与えているのです。人は所持するすべてのものとつながっていて、その中でももっとも強いのは家とのつながりです。住んでいる場所をきちんと管理しないのは、自分自身を粗末にしているのも同然。住んでいる環境が悪いと、人生を向上させていくことは難しくなります。

引っ越しをしたいのになかなかうまくものごとが進まないという人は、このことが原因ではないかどうか疑ってみる必要があります。今住んでいる場所に愛情と手間をそそぎ、自分の持っているものに感謝の気持ちを抱くと、あなたからより多くのものがあふれ出てくるのです。次の家を探すことにエネルギーをそそいでも、今住んでいる場所を粗末にしてはいけません。

もう一つ、私の経験上気づいたのは、引っ越す決意をしてから空き巣に入られたという人が多いことです。引っ越しを決めて現在の家にエネルギーをそそぐことをやめたのを、泥棒は敏感に嗅《か》ぎ取ります。それは泥棒にとって、招待状も同然なのです。

## 夜のビジュアリゼーション

そのようなことを避けるために、夜寝る前にビジュアリゼーション（視覚的に思い描くイメージトレーニング）をしてください。これは普段でも、家の中をクリアに保つために役に立ちます。スペース・クリアリングをして、シールドをかけてから行うのがベストです。

寝る前にベッドに横になり、目を閉じて、自分が肉体から抜け出てベッドの前に立つところを想像します。そして、想像の中で、部屋の中を明るい光とポジティブなエネルギーで満たしてください。各部屋を回って、それぞれを光とエネルギーで満たしていくことを想像し終わったらベッドに戻り、体の中に戻って眠ります。慣れてくれば、ほんの数秒でこれらのことができるようになります。

## 新しい家を見つける

年の半分をバリ島で、残りの半年をイギリスで暮らすようになってから、私はすぐにロンドンのアパートメントを売りました。南国から戻ったときには、そのたびに手ごろな住居を宇宙が与えてくれるだろうと信じたのです。バリ島を出発する数週間前になると、私はパートナーのライと一緒に、できるだけ具体的にどんな家が必要なのかリストにして書き出しました。ハムステッド近辺のワンベッドルームで、書斎に使える余分な部屋が1つあり、きれいな庭、駐車場、親切な近所の人たち、近くに地下鉄の駅、きれいな家具とたまに借りることのできる猫1匹、といった具合です。さらに、私たちの払える金額ですぐに入居できて、必要なだけ滞在できるところでなくてはいけません。

あなたも新しい家を買う、あるいは借りるのに、これと同じ方法が使えます。新しい家はちゃんとどこかに存在していて、もうじき見つけるのだという強い信念を持たなくてはいけません。もちろん、不動産広告に目を通し、あちこちに電話をかけるなど、探す努力は必要です。そのとき、あなたの家を定位盤に当てはめて、「助けてくれる友人」の部分をきれいにすることも、役に立ちます（第十八章参照）。

## 新しい家に移る

住んでいる場所とは強い精神的なつながりができるので、新しい場所へ引っ越すのはつらい体験です。これをいくらか楽にするには、楽しかった思い出を一緒に持っていくことです。

物がすっかりなくなった古い家の中で、しばらく一人で過ごす時間が持てるよう、引っ越しのスケジュールをアレンジしてください。立つ鳥跡を濁さず、というのはよいカルマをもたらします（それにより、他の人も部屋をきれいにしてあなたに引き渡してくれるようになるでしょう）。ですから必要なら掃除をする時間をもうけてください。

そして、家中を歩き回ってスペース・クリアリングをします。家を物理的にだけではなく、エネルギー的にもきれいにしてから出ていくことで、あなたのカルマはさらによくなります。スペース・クリアリングの手法を覚えたなら、それを実行せずに去っていくことが無責任に思えてくるはずです。

スペース・クリアリングは低いレベルのエネルギーの滞りをきれいにしますが、高いレベルのエネルギーはそのまま残します。ですから、あなたの幸せな思い出はまだ家にくっついたまま。でもそうした思い出は引っ越し先にも持っていきたいでしょう。

そのためには、まず、各部屋に行き、さようならを言ってください。壁やドアを優しく撫《な》でてもいいでしょう。これまで何度も触れてきた手すりを撫《な》でるのもいいと思います。言葉だけで別れを告げてもいいし、最後に見るだけでもかまいません。悲しいと思ったら、悲しんでください。体の中にためこむより、その場で涙を流したほうがいいのです。

このプロセスを終えたら、部屋の中心に立ち、両手を肩の高さに上げて、横にまっすぐ広げてください。自分のオーラを広げることに集中し、部屋をそれでいっぱいにするのです。それから、家の中のもっとも高いエネルギーと楽しい思い出に気を集中させます。そして腕を肩の高さに保ったまま、弧を描くようにしてエネルギーをたぐりよせてください。それから手を心臓の上に乗せます。そのときに、楽しい思い出も一緒に心に入れてください。

各部屋を順番に回りましょう。あるいは家全体と波動を合わせることができると感じるスポットを見つけられたなら、一度行うだけでもかまいません。あなたにとって、もっともしっくり来る方法を選んでください。

必要なら、このエネルギーはかなり長い間、心の中に取っておくことができます。新しい家に引っ越したら、スペース・クリアリングをすませ、きれいにしてから、前の家から持ってきたエネルギーを解放してください。用意ができたら、家の中心、あるいは各部屋を回って部屋の中央に立ち、心に保存していたエネルギーを解放しましょう。両手を心臓の部分にあてた姿勢から、大きなマントを開くようにゆっくりと腕を開いていくのです。こうすることで、新しい家にすぐになじむことができるでしょう。

## あなた自身を連れていく

よく旅行をする人ならば、次のコツは重宝します。ライが初めてイギリスに来たときに、教えてくれたのです。彼がバリ島に帰るとき、ベッドに行ってとても面白いことをしました。彼は腹ばいの大の字になり、しっかりとベッドを抱きしめました。そこで過ごした楽しい時間と心地よい眠りに感謝を捧げたのです。それから身を起こして真ん中に座ると、右手でベッドを撫で、それから手を心臓の部分にぴたりとつけました。彼は心臓のチャクラに集中しながら、この動作を3回繰り返したのです。とても心惹《ひ》かれる動作でした。

「何をしているの？」私は感動して、そう聞きました。

「自分を持っていく準備をしているんだよ」

「それで、バリ島に戻ったらどうするの？」

彼は、私のねじは1本抜けているのではないかという顔をしてこちらを見ました。

「もちろん、こうだよ！」とその逆の、心臓の部分からエネルギーをベッドに移す動作をしてみせました。

これはとてもシンプルな行為ですが、よく旅行をする人や、あるいは家具付きの部屋に住んでいたために引っ越しでベッドを持っていけないという人に、とても役に立ちます。どこに行くにも、あなた自身の中心を持ち歩くのです。バリの人たちがどこに行ってもゆっくり眠れるというのは、そのためなのかもしれません。

## 室内の壁を塗りなおす

新しい家にあなたのエネルギーをそそぐ方法の一つは、壁を塗りかえること。壁を塗りながら、意識して自分のエネルギーの波動を出すのです。自分で塗りかえることができない、あるいはやりたくない人は、いいエネルギーを感じる職人さんを選びましょう。そして使ってもらうペンキにあらかじめあなたのエネルギーをそそいでおきます。挙動不審と思われたくないのなら、朝、相手が来る前にすませてしまいます。ペンキの缶を両手で持ち、どのようなエネルギーをそそぎたいのか決めて、それが手から出ていくように念じます。缶にイメージを送り込んでもいいし、音が好きな人は声や音のトーンで表現することもできます。

# 第十二章　空間を清める

理想をいえば、まず新しい家の壁を塗りかえ、この章で説明する「清めの儀式」を行ってから引っ越すのがベストです。でも現実には、この順番でできないかもしれません。先に引っ越して、それから清めの儀式を行い、最後に壁を塗りかえても問題ありません。でも仕上がってから再び清めるか、少なくともスペース・クリアリングをしたほうがいいでしょう。そうすることで家の中の空気が落ち着き、あなたのエネルギーが家の中に定着します。スペース・クリアリングとは、清めの儀式の短縮版なのです。

この本に出合う前からもう何年も同じ家に住んでいて、これから清めの儀式をやりたいという人も多いでしょう。もちろん可能ですし、お勧めします。最初に、家の中に祭壇を作る方法を覚えてください。

## 家の中に「祭壇」を作る

高いレベルのエネルギーが家の中に落ち着けるよう、祭壇を作るのはとても効果的です。清めの儀式の最中、あなたは高いレベルの精霊を自分の家に招くことになります。そのためには、お客を招く準備と同じように、相手が落ち着ける空間を作らなくてはなりません。

落ち着ける場所で、安全にキャンドルとお香を燃やせる場所を選んでください。清めの儀式のときには、祭壇の上にお供え物とお香を置く場所も必要です。信仰を持っている人は、祭壇の上に宗教関連のものを置いてもかまいません。大切なのはあなたにとって特別な意味のあるものを選ぶことと、それがあなたが集めたいと願うタイプのエネルギーを象徴するものであることです。それは、ぜひここに使いたいと感じる大切な布地であるかもしれないし、特に愛着のあるクリスタルグラスかもしれません。あるいは特別な思い出のある時期に拾った落ち葉、あなたにインスピレーションを与えてくれる飾り物など。何か特別なシンボル、お経、写真などを添えてもいいでしょう。

## 新しい家の「清めの儀式」

この儀式には、色々なことを取り入れることができます。スペース・クリアリングのときと同じように、まず基本をお知らせしましょう。あなたが慣れていったら、好きなように手を加えていってもかまいません。

1　清めの儀式をするときは、可能なら家族全員が同席することが理想です。
2　第六章で説明したスペース・クリアリングの準備と同じ手順をふんでください。特にステップ5のチェックリストは重要です（それぞれがこの新しい家でどのようなことが起きてほしいのか、はっきりとした意志を持ち、それを書いておくのです）。
3　全員入浴して、清潔な服を身につけてください。
4　聖水を頭、手、足につけて、あなたのアストラル・フィールドにお香の香りを取りこみましょう。
5　地の精のために、家の前の地面に小さな穴を掘り、家の中に祭壇（家の守護霊と、高いスピリットが助けてくれるよう）を作ってください。作業の最中にはずっと、この2か所にお香をたいておきます。
6　掘った穴と、家の建っている敷地の四隅に塩をまきます。さらに、あらゆる敷居（特に玄関は念入りに）と窓縁、各部屋の四隅、ほかにもあなたが必要だと感じる場所に塩をまいてください。
7　花、果物、米など（そのほか、お金や、あなたが大切にしている品など、お供えしたいと感じるもの）のお供え物を地の精のために穴に捧げます。そして、その上に聖水を振りかけます。

8 家の中の祭壇にも同じようなお供え物を捧げて、聖水を振りかけます。

9 花、キャンドル、お香と聖水をかけたお供え物を、第九章の「キャンドル」の部分で説明したように、家の中のすべての部屋と廊下の交差点に置き、エネルギーの流れを描いてください。

10 第七章で説明したスペース・クリアリングの手順を、ステップ6まで実行してください。

11 祭壇の横に座るか、あるいは立ってください。ベルを使う、あるいはあなた自身が気に入っている方法で、自分と同席している家族のチャクラのバランスを整えます。

12 新しい家で、どのような人生を望んでいるのかということを書いたリストを、祭壇の上に乗せます。一人ひとりがハーモニーボールを手に取って、両手で包み込みます。順番に声に出して読むか、あるいは心の中で（どちらがいいか、あらかじめ話し合って決めておきます）この空間をどのようなものにしたいのか告げます。目を閉じて、そのイメージをハーモニーボールに伝えます。感覚、感触、味覚、嗅覚《きゅうかく》などを駆使して感じてください。それからハーモニーボールを揺らしながら、各部屋を回ります。あなたの意志は強力です。

考えることが、現実になるのです。

13 助けてくれる精霊に感謝を捧げて、家の中によいエネルギーが落ち着くよう、祭壇のキャンドルに火をともします。

14 聖水を全員の頭にふりかけ、もしも飲料に適しているものならば少し口に入れてください。あなたとその場にいる家族、そしてペットにもあげてください。ペットの飲み水に混ぜるか、耳の後ろ、あるいは前足などにつけてあげます。

15 すべての敷居に、花びらをまきます。別の花を使って花びらの上に聖水を振りまき、それから、玄関、そして家の中のすべての部屋に聖水をまいてください。

16 家の前に掘った穴の中に再び聖水をまいて、土で埋めてください。最後に、再び家の敷地内に聖水を振りまきます。

17 キャンドルとお香は火元が安全なことを確かめながら最後まで、燃やしてください。花びらと塩は、一晩、あるいはあなたがしっくり感じるまでそのまま置いておきます。

この儀式の一部は、バリ島の「清めの儀式」からアレンジしています。ただ一つ違うのは、バリでは神々への捧げ物と招待客のための食事の仕度に丸一日かけ、さらに儀式を行うのにも丸一日使うことです。私が参加した清めの儀式では、みんな元気に徹夜をして、次の日もこの祝い事に協力するため起きていました。私たちはそこまでする必要はないと思います。でも家族全員が、なんらかの形で参加をすることが望ましいでしょう。

# 第十三章　生活に聖なる要素を取り入れる

　すべてのものごとには、意味があります。意味のないものなどありません。私が今この本を、あるレストランの、あるテーブルで書いているのにも、意味があるのです。今までの人生のすべてが今こうしていることにつながり、さらに将来への可能性へとつながっていくのです。

　私はいつも、周囲で起きていることに注意を払ってきました。それによって、私自身がどういう状態なのかがわかるからです。たとえば注文した料理が期待していたようなものでなかった場合、それは私の中のバランスがどこか狂っているという意味なのです。そうでなければ私は違う料理を選んでいたか、違うレストランに行っていた、あるいは別なシェフがこの料理を担当していたでしょう。さて、ちょうどここまで書いたところで、料理が来ました。お味は上々。私の人生は、快調です。

## 学びの人生

　私たち一人ひとりに、ハイアーセルフ（大いなる自己）が存在していて、本人が学ばなくてはならないものを経験できるよう段取りをしているのだと、私は思います。あなたがハイアーセルフときちんとコミュニケーションを取りながら暮らしていれば、人生は喜びに満ちたものになるでしょう。宇宙は、私たちが人生の旅で学ばなくてはならないことをすべて与えてくれるのです。

スペース・クリアリングとは、意識のレベルを上げることです。環境をきれいにすることで、自分の周辺に清々《すがすが》しさを呼び込むのです。西洋社会では、ものを特別に扱うことを忘れてしまいました。土地にも建物にも敬意を払うことなく、新しい家に引っ越します。こうして日常の生活から、神聖なものが失われてしまいました。ですから、私は自分のやっていることを、「聖なる空間を作り上げる」と形容しています。私たちと家との関係に、特別なものを取り戻すためです。

## 儀式

バリ島の暮らしが人々を魅了する理由の一つは、生活に儀式を取り入れているからです。儀式には、私たちの心の琴線に触れる何かがあります。日常に儀式を取り入れた暮らしは、人々に安心感と連帯感を与えてくれます。子供たちは、ごく自然に儀式を作り出します。中には儀式のために宗教の礼拝所に行く人もいるし、自分の家で行う人もいます。たとえば歯を磨く時間のような単純なものでも、儀式にすることができるのです。磨いている間、人生で改善したいことを集中して考える、というように。このようにして、人生に神聖さを取り入れていくのです。

祭式（リチュアル）は儀式（セレモニー）とは違うものです。私が儀式という言葉を使うのは、私たちの中に参加したくてたまらないという意志を持つ、目に見えない精霊たちを招くためです。祭式とは霊を無理に呼び寄せるため、危険が伴います。

祭式も儀式も、数を重ねるごとにその効力は増していくのです。

## 子供のための聖なる場所

バリ島の人たちは、プランキランと呼ぶ小さなお供え物の箱を子供たちの寝る場所に置いて、子供の安全を願います。へその緒を小さな白い袋に入れて子供が大きくなるまでそこに置き、ベッドの横には子供の守護を祈願する言葉が書かれます。へその緒の習慣は西洋では普及しないかもしれませんが、祈願を書くのはいい考えです。「この子は生涯祝福され、守られるでしょう」というような文が適当です。それによって、成長していく子供がどれほどの安心感を得ることができるか、想像してください。

## 家との絆《きずな》

家と、仲良しになってください！　スキンシップをとるのです。通りすがりに、たまに壁を撫《な》でてください。家に戻ったら「ただいま」と言いましょう。どうすれば家が喜ぶのか、学んでください。

イギリスのチャールズ皇太子が植物と話ができるというのなら（それは彼だけではありません！）、あなたが家と会話をすることだって、それほど違いはないのです。自分の車に話しかける人は、たくさんいるではありませんか！　腕のいい修理工に聞いてみてください。機械は優しく話しかけたほうが、調子よく動くのです。機材を製造している企業の人にも訊ねてみましょう。どれほど事前にきちんとチェックしても、なぜか買った機械がすぐに壊れてしまう人もいるのです。

## 名前をつける

何かに名前をつけると、あなたとの関係はずっと近くなります。よりよく働くようになり、あなたをサポートしてくれるでしょう。家、車、コンピューターなど、毎日接するものに、名前をつけましょう。植木鉢やお気に入りのクリスタル、あるいは洋服などに名前をつけてもいいでしょう。

その本質にあった名前を選びましょう。たとえば、私がかつて乗っていた赤いジャガーには「レッドドラゴン」という名前をつけていました。小さなフォルクスワーゲンには「ピーナッツ」、座席がツイードで、手触りも外観もまるでスリーピーススーツに車輪がついたようだったプジョーのセダンには「スリーピース」と名づけていました。私は車が故障して困ったという経験がほとんどありません。それらを人生の一部として受け入れたことで、私のエネルギーシステムの一部になったからです。私が健康なら、車も健康でした。自分の体を大事にするように、きちんと大切にしていたのです。

ものに名前をつけるには、その物質の波動と名前の音の波動をマッチさせるという技が必要となります。その家の持っている独特のエネルギーに似合う音を探すのです。うまく名前がはまると、とても気持ちがよくなり、前よりさらに深いレベルで向き合うことができるようになるでしょう。

# 第四部　電磁波の影響

# 第十四章　ジオパシックストレス（地球内部から発するエネルギー）

聖なる空間を作り上げるためには、建物自体だけではなく、土地にも注意を向けなくてはなりません。土地そのものも、私たちに大きな影響を与えるからです。

## 場所

不動産業者の人に、売れる物件のもっとも重要な要素を３つあげてくださいと頼んだら、彼らはおそらく「場所、場所、場所」と答えるでしょう。中国の言い方でなら、「風水、風水、風水」となります。ジオパシックストレスが一般に知れ渡るにつれ、この「場所」の選択には新しい意味が加わりました。

ジオパシックストレスとは、地球内部から発せられる有害な放射線のことです。ヨーロッパで過去70年にわたって行われたリサーチの結果、専門家たちの間では、この放射線に長期にわたってさらされると免疫力が下がり、癌《がん》や慢性の病気にかかりやすくなると信じられているのです。

ケイス・バックラーはその著書『Earth Radiation（地球の放射線）』を書くにあたり、世界14か国の家々およそ３０００軒にあった１万１０００個のベッドをダウジング

（棒などを使って地下水脈などを探りあてる占い）して、ジオパシックストレスの存在を手ごたえとして実感したそうです。医療科学協会のヘガー博士は、ポーランドのシユチェチンという町で、癌で亡くなった5348人の人々の家について大規模な統計を取り、どの家にも強い地球の放射線が通っていたと結論づけました。その他にも脳脊髄炎《せきずい》、多発性硬化症、関節炎、うつ病、自殺、赤ちゃんの突然死、高血圧など、多くの深刻な症状がジオパシックストレスと関連づけられているのです。

ドイツ、オーストリア、フランスでもこのような研究報告が多数なされていて、多くの医師が患者の自宅のベッドの位置が安全かどうか調べるために、ダウジングを実行しています。オーストリアの公共機関の中には、建物を建設する前に、地球の放射線をチェックするためのダウジングを義務づけているところもあります。

## 有害な放射線

地球の放射線には、いくつかの種類があります。その一つはハートマン・ネットと呼ばれている碁盤《ごばん》目状態のもので、格子状に放射しています。キュリーグリッドと呼ばれるものも碁盤目状ですが、北東から南西にかけてと、南東から北西にかけて斜めに走っています。これらの碁盤目の交差点のところから、有害な影響を与える放射線が出ているのです。地下の水脈が流れによって地球のエネルギーをゆがめている場所も問題があり、違うレベルの2つの水脈が交差している場所は特にその影響が強く出ます。

これらの放射線は、本来悪いものではないことを理解してください。ただ人体には悪影響があるのです。あとで説明するように、生物によっては好むものもいるのです。

## 人体によい影響を与える放射線

シューマンウェーブと呼ばれる波動は人体の健康状態をよくするもので、NASA（アメリカ航空宇宙局）はこの波動に近いものを発動させる機械を開発して宇宙船に乗せました。人間は、この波動なしには生きていけません。残念ながら、シューマンウェーブは近代建築のコンクリートなどの素材によって遮断されてしまいます。健康体の人々は、それでも問題がありませんが、病弱な人、ストレスにさらされている人には、人工のシューマンウェーブ発動機が役立つでしょう。

# あなたの家のジオパシックストレスをチェックする

## ダウジング

家族の誰かが慢性病にかかり、治療をしてもなかなかよくならない場合、ジオパシックストレスを疑ってみる必要があります。それを見分けるもっとも簡単な方法は、プロのダウザーに依頼することです。ダウザーによって腕前はまちまちですので、私はいつも、個別に3人のダウザーを雇って、全員の意見が一致したことだけを実行するよう、顧客にアドバイスしています。

あなた自身で、ダウジングの技術を学ぶこともできます。シグ・ロングレンの『Dowsing Rod Kit（ダウジング・ロッド・キット）』は、ダウジング用のロッド2本と説明書がセットになっています。ロルフ・ゴードンの著書『Are You Sleeping in a Safe Place？（あなたは安全な場所で寝ているか？）』では、簡単なロッドの作り方と、自分の家のダウジングを実行する方法がわかりやすく説明されています。ダウジングロッドやペンダラム（振り子）は、比較的安値で専門店から入手することもできます。熟練したダウザーになると、道具を必要としません。

## ベッドで眠るときの位置

人がベッドで眠る姿勢によって、ジオパシックストレスの存在を知ることもできます。あるクライアントの家でダウジングをしてみたら、母親と息子両方のベッドがジオパシックストレスの通り道にあることがわかりました。母親のキングサイズのベッドでは、そのほぼ真ん中を縦断していたのです。彼女に確認したところ、この位置にベッドを移してからずっと一人で寝ていたのに、なぜか絶対に真ん中では寝たいと思わなかったそうです。息子のほうも、いつもベッドの片方に偏って寝ていたと告白しました。それはジオパシックストレスが通っていなかったほうの側だったのです。

本能的に感じやすい人々は、眠っている間にジオパシックストレスを避ける姿勢になっています。赤ちゃん、あるいは子供が毎朝必ずベッドの片側に縮こまっているという話を、親たちからよく聞きます。彼らはジオパシックストレスを本能的に避けているのです。子供がこうした姿勢をしているのを見たら、親はすぐに、ベッドの位置を変えなくてはなりません。もう一つの予兆は、子供がしょっちゅう悪夢を見る、夜中に泣いて起きる、おねしょがどうしても直らない場合などです。ほかにも理由があるかもしれませんが、まずジオパシックストレスを疑ってみましょう。

## ペット

犬か猫を飼っているなら、害のある放射線が家のどこを通っているのか彼らが教えてくれることもあります。猫はこのエネルギーが大好きで、逆に犬は避けたがります。おたくの猫がいつも気に入っているスポットがあれば、人間はそこに長時間いるのを避けたほうがよいでしょう。もっとも猫がいつもあなたのベッドで眠るからといって、ジオパシックストレスが通っているとは限りません。猫は地球の放射線よりも、暖かくて心地よい場所、飼い主の近くにいることを選ぶ場合も多いからです。もっともベッドの位置を動かしたのに、猫が相変わらず同じ場所で寝ているのなら、あなたのベッドの位置が悪かった可能性は大です。ペット用ベッドを買い与えても、使ってもらえない理由もここにあります。あなたの犬や猫がせっかく用意したベッドで寝ないという場合は、彼らが好む場所を見つけるまでベッドの位置を移動してみましょう。

## 放射線を好むもの、避けるもの

バクテリア、ウイルス、寄生虫は放射線が大好きです。彼らはごく自然にその場所に集まり、繁殖します。アリ、シロアリ、ミツバチ、スズメバチなどは必ず、この人間にとっては有害な放射線が交差する場所に巣を作ります。

その一方、ニワトリ、アヒル、その他の鳥類のほとんどは放射線が大嫌いで、時にはそれが原因で死んでしまうこともあります。家の屋根にコウノトリが巣を作るとラッキーだという昔の言い伝えには、こんな意味もあったのでしょう。

私のクライアントの一人は、ある日、小鳥を買ってきて、鳥かごを部屋の隅にかけました。まもなくその小鳥は原因不明で死んでしまいました。新しい小鳥を買ってきたのですが、それも、そして次の小鳥も次々と死んでしまったのです。彼女はついに小鳥を飼うことをあきらめました。この話を聞いたのは、私が彼女の家のダウジングをして、その角に有害な放射線が通っているとわかってからでした。鳥かごの位置をほんの少しずらしていれば、これらの小鳥は死ななくてすんだのです。

家を建てる人は、建物の基盤を作る前に、ジオパシックストレスから避けるため、ドイツのバイエルン地方に昔から伝わる手法を使ってみましょう。アリの巣の一部を掘ってきてそこに置いてみます。もしアリがその場所にいつくようでしたら、そこには家を建ててはいけません。アリが逃げていったら、その場所は大丈夫です。

また、雷が落ちたことのある場所には、決して家を建ててはいけません。雷は必ず、地下の水脈が複数の層で交差している場所に落ちるのです。落雷を避けるために古いオークの木の下に避難してはいけません。オークの木は地下の水脈が交差するスポットが好きで、そうした場所でよく育ちます。そのためオークの木は、落雷を受けやすいのです。

ジオパシックストレスを好まない木もあり、そうした木は放射線の出るスポットで芽を出しても、それを避けるためにゆがんで育ったり、癌のようなものができたりして、じきに枯れてしまいます。果物の木なら、花は咲いてもほとんど実がなりません。切り花をジオパシックストレスのある場所に置いておくと、普段の半分くらいしかもちません。機械類は壊れやすくなり、電球はしょっちゅう切れるということになります。

## ジオパシックストレスの中和のしかた

### まず避けること

先述の『Are You Sleeping in a Safe Place？』の著者ロルフ・ゴードンは、こう主張しています。「車を買うときは、テストドライブをさせてもらえる。家を買う前にも、契約書にサインをする前に、何泊かそこで寝てみてはどうだろうか？」。

今日では家を購入するのに、構造や防音、湿気などを調べるだけでは、十分ではありません。その家に長期間住む予定で、あなたが健康でいたいと願うのなら、ジオパシックストレスも調査するべきです。特にベッド、机、お気に入りの椅子を置くなど、あなたが1日4時間以上滞在しそうなスポットに注意してください。家を購入する費用に比べたら、プロのダウザーを雇って調べてもらうことなど、いくらでもありません。せっかく理想の家に住んでも、健康を害しては意味がないではありませんか。ダウジングが真剣に受け止められているドイツでは、ジオパシックストレスの問題はないことを証明するダウジング証書を提供する不動産業者も出てきました。

興味深いことに、私が訪れた無筋力性脳脊髄炎の患者さんがいる家はすべて、ベッドにジオパシックストレスのラインが交差していました。そしてさまざまな理由から、ベッドの位置を動かすことは不可能だったのです。

## 絶縁材

プラスチック、コルクなどは絶縁材として役に立ち、短期間ならジオパシックストレスを防ぐことができます。ベッドのフレームとマットレスの間に、プラスチックシート、あるいはコルクのタイルなどを敷いてください。あなたの感度の強さと、ジオパシックストレスの強さにもよりますが、プラスチックシートは1週間か2週間たったら新しいものに替えなくてはなりません。コルクのタイルはもう少し長持ちします。

ベッドフレームやマットレスの中のスプリングが金属でできている場合、それがジオパシックストレスを電導してしまいます。それ以外の理由からも、木のベッド、綿などの自然素材のマットレスのほうが体にいいのです。

## 地球に鍼《はり》を打ち込む

専門家の中には、放射線が建物に入り込むポイントに銅のパイプや鉄のロッド、木の棒などを打ち込んで、効果を得る人もいます。この方法も、効力が持続しているかどうか、定期的にチェックする必要があります。

## 風水

風水師やダウザーの中には、西洋社会でジオパシックストレスがこれほど強くなったのは、地球のエネルギーの流れをまったく考慮せずにどんどんビルを建てていったからだと信じている人たちもいます。また、近代社会の暮らしによって人類の免疫力が弱くなったために、地球の放射線が健康に有害になったのだとする説もあります。私は、その両方が原因ではないかと思います。

スペース・クリアリングによって風水のエネルギーの流れが正され、それによってジオパシックストレスの影響を弱くすることもできます。可能かどうかは、実行する人の技術と意識にかかってくるのです。

## ダウジングに関する注意

放射線は、それらが交差する場所がもっとも強く、夜明け、満月の日、太陽の黒点が増える日、雨や嵐の日、そして環境汚染がひどい場所などでも活動が激しくなります。これらの期間は放射線を感知しやすくなるものの、ダウジングを行う時期としてはお勧めできません。ダウジングは、害のある放射線と波動を合わせることになるからです。また、病気のとき、疲れているときは、絶対に避けてください。そして終わったらお風呂に入るかシャワーを浴びる、あるいはせめて流水で手を洗ってください。

もっとも安全なダウジングは、有害な放射線ではなく、有益なものを探すことです。
こちらのダウジングは、逆にエネルギーを与えてくれます。

# 第十五章　電磁波のストレス

私たちは地球の電磁波の乱れによるジオパシックストレスだけでなく、人間が作った電化製品が発する電磁波の影響も受けています。

## 電磁波から見た人体

人間の体は、電磁波にとても敏感です。20世紀初期、まだ私たちの惑星がラジオ電波、マイクロウェーブ、レーダー、テレビ、コンピューターシステム、携帯電話、人工衛星などで埋めつくされる前のこと、アメリカ人のアルバート・アブラムスという医師が、オシロクラストと呼ばれる機械を発明しました。これは患者の胃の筋肉伸縮を測るためのものでした。それによると、同じビルの中で機械のスイッチを入れただけで筋肉は反応を見せたそうです。要するに、人体は遠くで発する電磁波に反応するほど敏感だということです。今日では私たちはあらゆる種類の電磁波に囲まれていますから、このような実験をするためには絶縁材で囲った部屋を作らなくてはなりません。私たちはすでに「正常な」感覚がどういったものだったか、わからなくなってしまったのです。

WHO（世界保健機構）は、「人体は周波数300ギガヘルツ以内の電磁波を発している」（EHC 137 Electromagnetic fields, WHO, Geneva, 1993）と発表しました。それが家庭とオフィスのあらゆる電化製品から発するウェーブバンドに取り囲まれているわけです。レーダーのパルスが耳で聞こえるという人は実際にいますし、ラジオの電波塔の近くに住む人の歯に埋められた金属から、ラジオ番組がはっきりと聞こえてきたという記録もあります。現代社会に生きるということは、これらの電磁波が体を通り抜けていくプレッシャーにさらされることを意味しています。その頻度は、私たちの祖先が体験した2億倍に及ぶそうです。

## 人工の電磁界

私たちは学校で、導線を使って電気の流れを変動させるとその周りに磁場ができることを学びました。電磁波のストレスとは、人工的あるいは自然に発した電磁波が体を突き抜けて、細胞の活動に影響を与えることです。これが長期的に続くと免疫力が弱くなり、健康に害を及ぼすのです。

人工の電磁界は、建物のエネルギーと同じように、手を使って感知することができます（どうぞ試してください）。私は、電化製品類から通常よりも大きな電磁波が発生している家では、住人の免疫力に何らかの支障が出ていることに気がつきました。電化製品から発生する電磁界の大きさによって、免疫力がどれほどのダメージを受けているのかが判断でき、また各ベッドルームのエネルギーを感知することにより、誰がもっとも影響を受けているのかわかるのです。

電磁界が広がった理由は、こうです。健康な免疫力がある人は電磁波によるストレスに対処できるため、フィールドそのものも適当な大きさに留まっています。でも免疫力の弱っている人はまったく対処することができないので、電磁界が広がり、ますます本人の健康に害を与えるという結果になるのです。

西洋社会の子供たちは、電磁波を発する家電に囲まれて暮らし、それもベッドに寝たままスイッチをつけられる位置にいます。テレビ、ビデオ、コンピューター、ステレオ、ラジオ付き時計などすべてのコンセントを24時間さしたままという寝室で暮らしている子供も、決して少なくありません。また子供の多くは、学校でもコンピューターを使用して電磁波にさらされています。それに依存症になる子供もいるでしょう。観察力のある親なら、子供がいつも疲れていて無気力だと心配になるに違いありません。カウチポテトのティーンエイジャー版になってしまうのです。

親がどれほどガミガミ言っても、子供たちは耳を貸しません。でも私がここ数年間使用してきた電気と磁気フィールドの探知機を使うと、彼らの興味をひくことができます。まず安全な数値を説明してから、彼らのベッドルームを歩き回ります。針が跳ね上がるのを見て、彼らはあんぐりと口をあけるのです。

スペース・クリアリングは、広がった電磁界を一時的に小さくすることができます。でも長期的には、電磁波から身を守るものを設置しなくてはなりません。

## 健康への懸念

電気が危険で、ひどく感電すると死につながることは誰でも知っています。各国政府は最近ようやく、長期的に電線や電化器具に接することは健康に有害であることを認めだしました。原因不明のうつ状態から、身体的な影響まで、それはさまざまな症状を含みます。スウェーデンで行われた研究によると、長期にわたって高圧線の近くで暮らした子供は、白血病にかかる確率が平均よりも5倍高いとの報告がなされています。

電磁波は遠ざかるほど弱くなるので、もっとも危険なのは、長時間近くにいることになる機器です。ジオパシックストレスと同じように、寝室がもっとも注意を要する場所でしょう。何しろ私たちは毎年３０００時間もそこで過ごしているのですから！

電磁波汚染について研究をしているイギリスの団体「パワーウォッチ」のジーン・フィリップスはこう語っています。「睡眠とは、人体の中で異常を来した細胞を免疫組織が修復をする時間である。ある種の電化製品から発する電磁波は、睡眠中の修復作業を妨げると我々は信じている。異常を来した細胞は、癌の原因になることが知られている」（「デイリーメイル」紙１９９５年10月10日付）

　職場の電磁波も問題です。ワシントンＤＣを拠点とする国際機関「世界銀行（国際復興開発銀行）」は、この問題に真面目《まじめ》に取り組んでいます。まるまる１ブロックが敷地となっているこの建物では、大規模な電化製品は日常作業に従事する行員から離れた、地下5階に置かれています。行員がワイヤーや機器から発する電磁波にできるだけ被曝《ひばく》しないように工夫がなされているのです。別な銀行「マリーン・ミッドランド」は建物の持ち主を訴えました。ニューヨークのパークアベニューにあるこの銀行では、電線ケーブルから発する電磁界が３００ミリガウスにも及んでいたためです。その後、その建物の持ち主は、ケーブルにカバーをつけて電磁界が無害とされる数値にまで落とすために１００万ドルの費用をかけたのです。

## 電線

　アメリカ政府の顧問団体である放射線予防理事会は、白血病の予防のため、学校は高圧線からできるだけ離れた場所に建てることを勧めています。あなたの家でも、高圧線あるいは電圧塔の近くで長時間過ごしている人がいないことを確認してください。

電圧塔は、周辺400メートルの範囲で電磁界を作っているそうです。もっとも数値が上がるのは、電圧塔の真下ではなく塔と塔の中間地点あたりで、低い建物よりも、高い階に住む人々により大きな影響を与えます。引っ越すことが無理ならば、大人より影響を受けやすい子供の部屋はできるだけ高圧線から離れた場所にしてください。電線とあなたの家の間にある壁、木、高い塀などは、電気を地下に逃がしていくらか防御してくれます。しかし固形物も貫通する磁気は防ぐことはできません。変電所、変圧器の近くに寝るのも同じような影響があります。

## 家電

ほとんどの電化製品は、スイッチを切った状態でも電磁波を放射しています。電源につないだままのコードの中で電子が活動しているからです。使っていない電化製品はコンセントを抜く習慣をつけてください。あるいは電流を根源から遮断する装置を設置すればさらにいいでしょう。特に寝室にこうしたものを設置することは、眠っている間に電磁波にさらされなくてもすむようになるので有効です。

あなたの家では、常時何らかの電化製品が稼働しています（少なくとも冷蔵庫は絶対にあるはずです）。家庭の電気回路には必ず電流が流れています。主要電気回路のボックスが、あなたが長時間過ごす場所の近くにないことを確認してください。たとえそれが壁の裏にあったとしても、あなたは電磁界の影響を受けるのです。暖めたり、冷やしたりする機器は大きな電磁界を作ります。エアコン、冷蔵庫、電気ポットなどの近く、あるいはそれがある場所の壁の裏側で寝ないように気をつけてください。電気毛布は便利なものですが、一晩中つけっぱなしにしてはいけません。昔ながらの湯たんぽや、パートナーの体温で温まったほうがずっと体にいいのです。金属は磁場を凝縮させて電流の流れを作ります。金属性のラジエーターヒーター、電気ヒーターなどを夜通しつけておくのなら、ベッドから少なくとも1・2メートル以上離してください。

ラジオ時計を枕元に置いておく人は、寝覚めが悪くなりがちです。時計の位置を離すだけでも、たいがい目覚めがよくなります。ラジオ時計は、サイズに見合わないほど大きな電磁界を作ります。ラジオ時計本体もコードも、体、特に電磁波のストレスに敏感な網膜、松果体《しょうかたい》がある頭から、少なくとも2メートルは離しておかなくてはなりません。電池で動くラジオ時計か、ねじ巻き式の目覚ましを使うほうが健康のためにはいいのです。

## テレビ

BBCテレビ局の番組、「Tomorrow's World」で、あるとき驚くべき実験が行われました。大きな金塊の前にテレビを置いて、2年間スイッチをつけっぱなしにしておいたのです。そして、生放送のカメラの前でそれを取り除き、その金塊を分析してみたところ、なんとそれが鉛に変質していたことがわかりました！　テレビの画面から出ている電子が放射線による腐食を触発したのです。

最近、イギリスでは入院患者に個人のテレビを貸し出すのが一般的になりました。でも電磁波の放射線にさらされる副作用については、まったく考慮されていないようです。カラーテレビは大きな電磁界を作り、それはコンセントを抜いても7日間は残留しているそうです。

テレビを見るのなら1日2、3時間にとどめ、普段つけっぱなしにするのはやめましょう。あまり近くに座ってはいけません。普通の大きさの画面だったら、2メートルから3メートル、体から離してください。画面が大きくなればなるほど、電磁界も大きくなりますので、それを頭に入れて椅子の位置を決めてください。子供はテレビのすぐ前に座るのが大好きです。これを避けるには、テレビを大人の背丈ほどの高い位置に置くことです。ベッドに寝ながらテレビを見る習慣のある人は、頭は十分画面から離れていても、体のほかの部分は近すぎることがないか、確認してください。

そして見るのなら番組を選ぶことを学びましょう。テレビの前で眠ってしまうのは、私は危険な習慣だと思います。潜在意識の中に何が入っていくのか、選ぶことができなくなるからです。

## コンピューター

コンピューターの画面の前に座ると、あらゆる種類の放射線にさらされることになります。可視光線、紫外線、ＶＬＦ（超低周波数）電磁波放射線、ＥＬＦ（極超低周波数）電磁波放射線など。場合によっては、これに微量の放射能が加わる場合もあります。モニタースクリーンはこれらの有害な放射線を遮断することになっているのですが、機材が古くなるにつれてその機能は低くなり、また機器の側面から放射線が漏れてくるという問題もあります。コンピューターはさらにプラスイオンを発生させ、そのために目が乾燥したり、手や腕に筋肉痛が起きたりします。

テレビは離れても見ることができますが、コンピューターは前に座らないと仕事ができません。スウェーデンでは、画面から50センチ離れた地点でＥＬＦ２・５ミリガウス以上、25Ｖ／ｍ以上の測定結果が出たブラウン管のモニターをコンピューター技師が使用することは違法となりました。オーストラリア政府は、コンピューターに向かう時間は日に5時間以内にとどめるのが安全と通達しています。アメリカの一部は、流産や胎児に障害を与える危険が高まる懸念から、妊娠中の女性社員にコンピューターの使用を禁じているところもあります。ナショナルユニオンジャーナル、ＢＢ

Cワールドサービスではコンピューターの危険性を認識し、妊娠中の社員が希望すればそれ以外の仕事を割り当てています。それ以外でも、生理不順、精力減退、不妊症、乳癌、目の疾患、皮膚のかゆみ、RSI（反復性ストレス障害）などが問題とされています。

これらの被害を防ぐには、まず使用していないときはスイッチを切ること、そして化学繊維ではなく綿など自然繊維のものを身につけること、そしてコンピューターの周りに植物を置くようにすることです。風水的にいうと、サボテンはあの棘《とげ》が神経に不快感をもたらすためあまりお勧めできません。でもセレウス・ペルヴィアヌスという種類のサボテンは、コンピューターからの有害な電磁波を吸収する効果があることで知られており、ニューヨーク証券取引所でも導入されました。それ以外で効力がある植物は、257ページからの「空気清浄」のところにリストしています。

もう一つの解決方法は、液晶モニターのコンピューターに代えることです。液晶モニターは、ブラウン管のモニターに比べて放出する電磁波がずっと少なく、疲労度もずっと低いことが報告されています。私もこの本を書くのに、液晶モニターのノートパソコンを使用しています。

ただノートパソコンは、膝の上にのせて作業してはいけません！　直接体に触れることで、ブラウン管のモニターよりもさらに強い電磁界に触れることになってしまうのです。

## 携帯電話

携帯電話はマイクロ周波数を使用しています。電話から出る放射線の一部は、使用者の頭に吸収され、過剰に使用すると頭痛、耳や目の疾患、そして脳腫瘍《しゅよう》の原因になることが懸念されています。アメリカでは携帯電話を長時間使用してきた企業重役の耳や脳に腫瘍ができているケースが数多く発見され、社会問題となっています。アメリカのFDA（食品医薬品局）では、携帯電話の使用は避けられない場合のみ、短時間に抑えることを推進しています。テクノロジーの発達により、携帯電話は衛星電波を使用するようになりました。そのため携帯から世界のどの国にも電話をかけることができるようになったのですが、そのぶん放射線も強くなりました。

あなたも携帯電話を使用するのなら、時間は短くきりあげて、できることならスピーカーフォンを使用してください。

## 電子レンジ

どこの家にも、電子レンジが置かれるようになりました。電子レンジで食べ物を加熱すると、たんぱく質の中の窒素が分解されます。医療関係者の中には、私たちの健康への懸念をする人々もいますが、正式な結果報告はまだなされていません。もっとも電子レンジが老朽化することにより、マイクロ周波数が漏れてくるため、定期的なチェックが必要であることはわかっています。

料理は焚《た》き火でするのが最高で、次にいいのはガスレンジです。もし機会があれば、同じものを焚き火、電気コンロ、ガスレンジ、電子レンジでそれぞれ料理してみてください。加熱法によって、びっくりするほど味が変わります。

## 小さな機器

ひげを剃る場合は、電気かみそりで電磁波にさらされるより、充電式かみそりか、昔ながらのかみそりを使用することをお勧めします。ヘアドライヤーも、かなり強い電磁波を発生させます。ヘアドライヤーを使うと体内のエネルギーシステムが混乱するので、私はいつも自然乾燥です。そのほうが、髪のためにもいいようです。

## 化学繊維の洋服、シーツ類

化学繊維の洋服やシーツ類は、静電気を起こします。それにより、体内のエネルギーシステムのデリケートな電磁バランスを崩してしまうのです。

## ジュエリー

ジュエリーは周囲の環境からある一定の周波数を拾って、肌を通して体に直接伝達させます。ジュエリーをつける耳たぶや指などはツボがあるため感度が高く、電磁界を増幅させます。ネックレスは心臓から脳へと伝わる心音リズムを妨げ、胸腺《きょうせん》などの働きを妨げがちです。合金でできたジュエリーも、その毒性によりアレルギー反応を触発することがあります。ただし、銀、金、プラチナなど純度の高いものでできたジュエリーは、エネルギーの活性化に使う場合もあります（第六章ステップ9参照）。

## 照明

毎日私たちが浴びている照明の質は、空気や水と同じくらい大切です。太陽の光を浴びて体内でビタミンDが作られるように、私たちは肌を通して光を体に取り入れます。理由はわからなくても、蛍光灯の光が体に悪いと本能的に感じる人は多いようです。実は蛍光灯は、ブラウン管のモニターと同じタイプの電磁波を発生させます。それ以外にも、細かい点滅や反射、そして微量のマイクロ波などが懸念されます。これらは目や肌、鼻の粘膜に刺激を与えて、嘔吐感《おうとかん》などを触発し、特に子供たちの落ち着きがなくなることが報告されています。またリンや水銀など、有害物質が蛍光灯管には使用されています。こういったリストを読んでいくと、なぜそんなものを使用する人がいるのか不思議になってくるでしょう。その答えは、蛍光灯が普通の電球よりずっと経済的だからです。企業主たちは、社員の健康の安全よりも、経済的な理由を優先させているのです。

もちろん自然光がもっとも好ましい照明です。次にいいのは、高演色形蛍光ランプ（フルスペクトラム・ライト）で、学校の照明をこれに替えたら劇的な効果が見られたそうです。カナダとアメリカで行われた研究結果によると、数週間の間に乱暴な行動を取る生徒が見られなくなり、かつて問題児扱いされていた生徒が優等生になり、全体の出席率も成績も向上したとのことでした。残念ながら多くの教育機関はこの研究結果を知らないまま、いまだに学校に蛍光灯を取りつけているのです。

## マイナスイオン

車の排気ガス、エアコン、タバコの煙、蛍光灯、電気・電子・マイクロ波を使う機器、静電気を発生させる化学繊維のカーペット類、カーテン、洋服などはすべて、環境の中にプラスイオンを増やし、マイナスイオンを減らします。都会にいると、田舎《いなか》にいるときよりもイライラして攻撃的になる理由は、都会の環境ではプラスイオンが多いからだと思います。

自然界でマイナスイオンが多い場所は、山の上、公園などの広い場所、滝・渓流のそば、そして海の周辺などです。これらの場所に行くと気持ちよくなるのは、そのためなのです。マイナスイオンは太陽の紫外線と、水しぶき、植物などから発生します。ロジャー・コグヒルは著作『Electrohealing（エレクトロ・ヒーリング）』の中で、「田舎では1平方センチの中に少なくとも１０００マイナスイオンあるとすると、都会ではそれが３００マイナスイオン、オフィスの中では50マイナスイオンに減少する」と書いています。

マイナスイオン発生器は家の中のイオンバランスを修復することができますが、絶縁体を設置したものでなければいけません。ほとんどのマイナスイオン発生器は、絶縁体の設置がされておらず大量の電磁波を出すので、結局効果が相殺されてしまうのです。

## 空気清浄

私たちは人生のほとんどを屋内で過ごし、複雑な化学物質が混合した空気を吸っています。プラスチック、化学繊維、溶剤、接着剤、洗剤類、ヘアスプレー、化粧品、装飾品などの化学物質がすべて混じり合い、換気の悪い部屋では健康に害を及ぼします。

化学保存料、ホルムアルデヒドは屋内環境汚染のもっとも大きな原因で、目、鼻、喉《のど》などに異物感を与え、頭痛、嘔吐感、安眠妨害などを引き起こすと言われています。これは多くのインテリア用品に使われていて、カーペット、ペンキ、壁紙、ベニヤ板、ワニス、接着剤、アイロンの不要な不燃焼性布地、スポンジ、合成樹脂板などから、年中放出されているのです。

ＮＡＳＡの研究によれば、次にリストしたハウスプラント（観葉植物）は空気中からホルムアルデヒドも含む多くの汚染物質を浄化することができるそうです。

スパティフィラム
ペペロミア
シンゴニュウム
バナナプラント
ゴールデンポトス

また以下の３種も同様の役割を果たしますが、葉が大きく尖《とが》っているため、狭い場所には向きません（第十九章参照）。

アグラオネマ

スパイダープラント

サンセベリア（トラの尾）

植物は、空気を浄化するほか、酸素を増やして湿度の調整をし、マイナスイオンを増やして空間のエネルギーをアップさせてくれます。私のお勧めは、テレビやコンピューター1台につき植木鉢を1つ、できるだけそれらの機材の近くに置くこと。その他の電化製品の数にも合わせて揃《そろ》えましょう。

# 第五部　風水で家を聖なる場所にする

# 第十六章　太古からの知恵、風水

さてあなたの家のクリアリングと清めが終わり、ジオパシックストレスと電磁波の影響もチェックしました。風水を実行する準備完了です。スペース・クリアリングは風水とはまったく別に活用することもできますし、逆に風水だけで活用することもできます。でもこの2つを組み合わせることで、もっとも効果的な結果が得られるのです。

## 風水をどう当てはめるか

私は、引っ越しをすると、まずスペース・クリアリングをし、設計上の難点をカバーするために風水の処理を施します。それからその時々の目標に沿った風水にしたがって家具の場所を決め、配置をします。家は宇宙へメッセージを送る拠点です。私の人生では、家とインテリアはいつも変化していきました。ハイアーセルフ（大いなる自己）の声に耳を傾けて家のアレンジをし、人生の次のステージについての宇宙からのメッセージを受け止めてきたからです。

風水は、あなたが望む人生を宣言するすばらしい道具になります。あなたの願うことを物の配置で表現することにより、環境があなたを助けてくれるのです。この本の主旨は、どうやって人生の目的を見つけるかではありませんが、それを決めるのはとても大切なプロセスです。欲するものをきちんと見極め、それを住む場所に表現するのです。家具の配置、鏡やクリスタルの置く位置によって、エネルギーの流れが活性化していきます。

風水とは、手っ取り早く金持ちになる秘法だと思っている人たちもいます。「財」をつかさどるコーナーにクリスタルをぶらさげて、お金が増えていくのを座って見ていようというわけです。もちろん、事はそれほどシンプルではありません。あなたがすでにできるだけの努力をして、家の中のエネルギーの流れもスムーズだったら、それに近いことが起きるかもしれません。でもほとんどの人々は、宇宙のエネルギーの流れに乗るまできちんと段階をふんでいかなくてはならないのです。風水のすばらしさは、あなたが外側を整えることにより、ゴールが物理的に見えてくること。外側を変えれば、内側が変わるということを体験できるのです。たいていの場合、セラピーなどを通して内面を変えようとあがくより、外側を変えるほうがずっと楽なものなのです。

風水は、家のさまざまな部分に応用できます。建物全体の形、部屋のレイアウトなどはとても大切。さらにドア、窓、ベッド、机、コンロ、お風呂、トイレ、暖炉など、エネルギーの流れの鍵《かぎ》を握るものがいくつかあります。

## 予防の風水と修復の風水

東洋で実行されている風水は、基本的に予防の風水です。一方私が行うのは、主に修復の風水です。依頼された場所の風水を解読し、デザイン上の問題点をカバーする方法を考えるのです。手の施しようがないほどひどい場所（たいがいは一軒家を無理にアパートメントに改造したもの）は、滅多にありません。たいていのところは、シンプルな処方でかなりの改善ができるのです。

## 象徴学としての風水

すべてのものは何かを象徴しています。たとえば赤い三角形を例にしてみましょう。これは世界中で、注意を促す道路標識に使われています。赤い三角形の色と形は、潜在意識に危険を感知させる共通のシンボルなのです。人々の家にあるものも、中にはこのように世界共通のシンボルもあるし、あるいは過去の経験から本人にだけ意味のあることを象徴している場合もあります。

あなたの家に飾ってある絵や物を改めて眺めてみてください。それはあなたがそばに置いておきたいものを象徴していますか？　今から自分の環境を意識して整えてください。もっとスピリチャルな人生が望みなら、スピリチャル性を刺激するようなものを置いてください。もっと友達を増やしたいのなら、飾りも1つだけではなく複数同じものを揃《そろ》えたり、大勢の人が写っている写真を飾ったりするといいでしょう。もっと金運を伸ばしたいのなら、豊かさを象徴する環境を作りましょう。人生が退屈だと感じている人は、明るいカラフルなものを目にとまる場所に置いてください。もっと変化の多い人生が望みなら、静物画ではなく活動的なイメージの絵を飾るのです。ものごとをスムーズに運ぶためには、角ばったものを流線形のものに変えてみましょう。

あなたが飾っている絵や装飾品がどんなメッセージを発しているのか、意識して見てください。たとえば独身で淋《さび》しいと思っている人は、悲しそうな単独の人物の絵が家の中心にかかっていることが多いのです。たいがい、住人はその絵をとても気に入っていて、人生を変えたいと願っていても絵を処分したがりません。そんな場合、私はとりあえずその絵をはずして、見るたびに心が浮き立つ絵と取り替えることを勧めます。すると、前の絵が与えていた影響に初めて気がつくのです。

あなたの人生がこのところ不調だという人は、必ず家の中の環境にそれが反映しているはずです。希望を失った人、引きこもり気味の人は、吊《つる》しているものが多い部屋に住んでいることが多いようです。

ある女性の例をあげましょう。彼女の家のキッチンは、カップも鍋も、そして鍵《かぎ》もフックにぶら下げてありました。寝室では服もバッグもフックやドアノブにかけてあり、さらにはご丁寧に、ドレッサーの柱の間にひもを張ってイヤリングを吊していたのです（もちろんどのイヤリングも、ドロップ式のデザインでした！）。また、スパイダープラントなどの、たくさんの植木鉢が家中に吊してありました。ランプのかさは上向きの形は１つもなく、すべて下向き。そして天井が低いためさらにエネルギーのレベルが下がっています。彼女の小さな家には、ぶら下がっているものが１００個はあったでしょう。そのためにあたりの空気は重苦しくなり、このような環境を作り上げた彼女はひどく落ち込んでいるに違いないと私は確信しました。

私は彼女に、家の中を歩き回って、下向きのものをすべて上向きに直すようにと勧めました。それによってエネルギーが自然に上に向かって流れるようになるのです。鍋はぶら下げずに重ねて、カップ類は食器棚へ、植物はすべて上に伸びるように、照明類のかさは上向きのものに替えるようにアドバイスをしました。そしてその効果は、絶大でした。彼女自身の言葉で説明すると、こうです。「私は自分自身ですら、歩くときに下を向いていたことを意識していませんでした。今では胸を張って歩き、生きていてよかったという気分になりました」。

面白いことに、うつ気味の人はスパイダープラントが大好きです。ぞろぞろと伸びた先からまた増えていくこの植物は、悩みがぞろぞろ増えていくことを象徴しているのです！　また先の尖《とが》った葉は、神経をいらだたせます。空気の清浄に役立つからとこの植物を育てる人もいますが、数を増やしすぎるとエネルギーのレベルが落ちます。空気をきれいにするためならば、副作用のない植物がほかにもありますので第十五章の「空気清浄」のところをご参照ください。小さなスパイダープラントを1つか2つ置いておくのは悪くありません。でもあなたの家がそれに占領されないよう、気をつけてください！

## 殺気

風水は、家のエネルギーの流れをよくして調和をはかり、それによって人生に調和をもたらすためのものです。シンボル的な意味でも、直線や角ばったものよりも、流れるような曲線のほうが好ましいのです（実際のところ、自然界には直線など存在しません）。鋭い角や尖ったものは、エネルギーの流れを遮断して、殺気を出します。

### 家具のエネルギーの流れ

家の入り口、あるいはオフィスの受付のような空間で、入った瞬間に戸棚や机などの鋭い角があなたのお腹《なか》と直面する配置になっていたとしましょう。あなたは意識しないかもしれませんが、体は本能的にその角の向いている方向から身をかわそうとします。訪問者はあまり歓迎されている気がせず、日に何度もここを往復する人は腹部に疾患を来す場合もあります。

これを自分で確かめてみたい人は、腕時計やジュエリー類をはずして腕まくりをし、手を洗ってから第六章のステップ14に書いてある手のひらを使ったエクササイズを実行してみてください。鋭い角のある家具、あるいは壁の角などに手をかざして近づいていってみましょう。そばに行くに従って、手に感じる刺激は強くなるはずです。初めてこれを試した人の大部分は、驚きます。手のひらをどけたあとも、しばらく鈍い痛みのような感覚が残るのです。

先に説明した入り口付近の殺気を改造するには、角を向けている家具の位置を少しずらすか、角を丸くしてしまうことです。ほかにも角の部分に布地をかける、丸い葉が下向きに生える植木鉢で角をカバーする、または丸い葉が上向きに生える植木鉢を角の前に置くなどの方法があります。できれば最初に家具を選ぶ時点で、角が丸く加工されているものを選ぶことがベストです。

## 家の外のエネルギーの流れ

近所の建物の角があなたの家の玄関や窓に向いていると、大きなスケールで同じ問題を引き起こします。家と角の間に木、塀、大きな植木などがあれば、影響はある程度緩和されます。また窓に鏡を置いて、その影響を跳ね返すという方法もよく取られます。

T字路の正面にある家は、正面玄関が交通の流れに面している場合は人生にかなりの影響があります。車が通るたびに、エネルギーはあなたに向かってくるのです。その影響力は家の大きさ、道路の広さ、そして車のスピードにもよります。家は大きく、道路はほとんど交通量のない狭い裏通りという場合なら、影響はほとんどありません。また、真鍮《しんちゅう》の表札、輪形の引き手など、反射するものを玄関のドアにつけることにより、このエネルギーの影響を弱めることができます。もう一つの方法は、玄関への通路を正面の道路の向きからずらすことです。そしてドアと道路の間に、生垣を植えてください。

こうした基本を踏まえたうえで、家のインテリアの配置を調べてみましょう。

# 第十七章　ソファを動かして人生を変える

風水師に相談をしてソファを移動したら、人生にすばらしい変化が訪れたというような話をよく耳にします。それはこれまで、ソファが家の中のエネルギーの流れを遮断して、入ってくるエネルギーを邪魔していたためなのです。この章では、家の中のエネルギーの流れをスムーズにする方法について説明します。

## ドア

### あなたの正面玄関

私はいつも、玄関には特別な注意を払います。人と同じく、エネルギーもまたドアを通って出入りするのです。あなたが玄関から家の中へ入るとき、目にするもの、体験するものはすべてあなたの人生を象徴しています。逆に玄関から外へ出るときは、あなたの社会へのアプローチを象徴しているのです。

自分の玄関のドアの前に、新しい気持ちで立ってみてください。誰が住んでいるのか知らないとしたら、このドアを見てどのような人を想像しますか？　ペンキが剥《は》げかけていますか？　呼び鈴は壊れていませんか？　植え込みは伸び放題でしょうか？　枝をかき分け、伸び放題の草、棘《とげ》のある植え込みをよけながら入らなくてはならないような玄関だったら、あなたの人生は何をやるにも障害だらけとなるでしょう。家の前の通路は、できるだけきれいにしてください。また家の前は帰ってきてほっとするような状態でなくてはいけません。ペンキを塗りかえたばかりのドアや、花の咲いている植木鉢をドアの周辺や窓枠に置くなどの工夫は、玄関を明るくします。

玄関のドアに番号をつけているのなら、見下ろすのではなく見上げる位置にしてください。（下を向くとエネルギーレベルも下がります）２つ以上の番号がついているドアなら、いい風水の秘訣《ひけつ》があります。２桁《けた》目以降の数字を、１桁目よりやや高くつけてください。そうすれば、玄関のドアを目にするたびに、あなたのエネルギーレベルも上がるでしょう。

玄関のドアが何にも邪魔されずに内側の壁につくまで開くようであれば、あなたの人生もスムーズに流れていきます。開けにくいドアは何かと障害が多い人生を意味し、

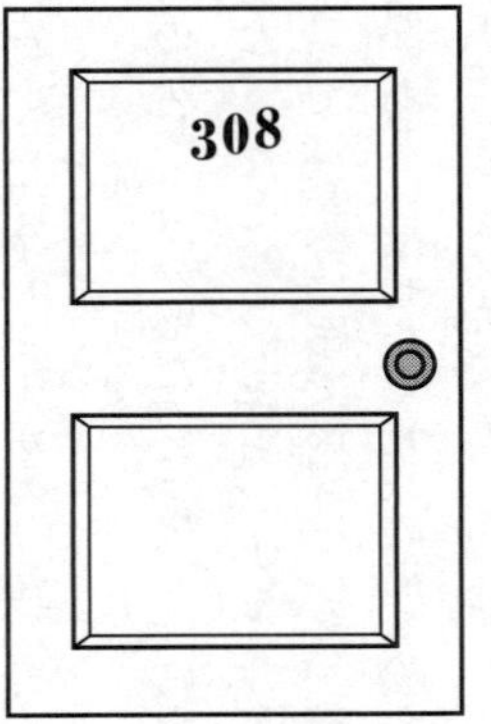

玄関のドアにつける部屋番号は、見上げる位置に、２桁目以降の数字が高くなるようにつけるとよい

なかなか開かない鍵は小さなイライラに満ちた人生を意味しています。玄関のドアをきちんとした状態に保つことで、あなたの人生にいいエネルギーが入り込んでくるのです。

玄関のドアから中へ入ったとたんに目に入るのがレンガの壁だったら、「壁に突き当たる」という言い回しの意味を思い知ることになるでしょう。それはあなたの中で、敗北感、絶望感となって積もります。場合によっては姿勢にまで影響を与え、猫背になることもあります。鏡を置いて視界を広げる、あるいはせめて元気の出る絵か写真を飾ってください。玄関が暗いのなら、照明器具をつけてください。

## 家の内側のドア

何かと苦労を背負い込みやすい体質の人は、構造上問題のある家に住んでいることが多いようです。よくあるのは、家の中にあるドアが壁につく形で開くのではなく、壁に向かい合わせるようにして開く場合です。要するに、ドアを開けると部屋の中心に向かって入るのではなく、壁に向かって入る形になるのです。この場合、ドアをすっかり開け切るまで、部屋全体を見渡すことができません。このような構造は、家の中のエネルギーの流れに支障をきたします。

精神的に行き詰まりを感じてくるだけではなく、ドアがこのように建てつけられた家に長い間住んでいると、肉体的にも便秘になりやすいのです！　イギリスではヴィクトリア朝に建てられた家は、プライバシーを守るために内部のドアはすべてこのように建てつけられていました。歴史の本は、ヴィクトリア朝時代のイギリスには便秘の人が多かったことを書き忘れています！

解決方法の一つは、蝶番《ちょうつがい》の位置を変えてドアをつけなおすこと。これを実行すると、とてもさわやかな気分になります。人生のすべてが、楽に進行するようになるでしょう。もう一つの方法は、エネルギーを室内に反射させるように、入り口の横の壁に小さい鏡をつけることです。鏡をつけるにあたっては、第十九章を読んでください。

電気のスイッチの近くに鏡をつける場合は、うっかり電気ケーブルに釘《くぎ》を打ち込まないよう気をつけてください。危ないと感じたら、プロの電工技師に相談しましょう。

それから大切なことは、家の中のすべてのドアが、家具やガラクタ類で遮られずに、きちんと開くことです。ドアの裏に洋服をかけると、全開することを妨げると同時に、ドアに余分な重みを加

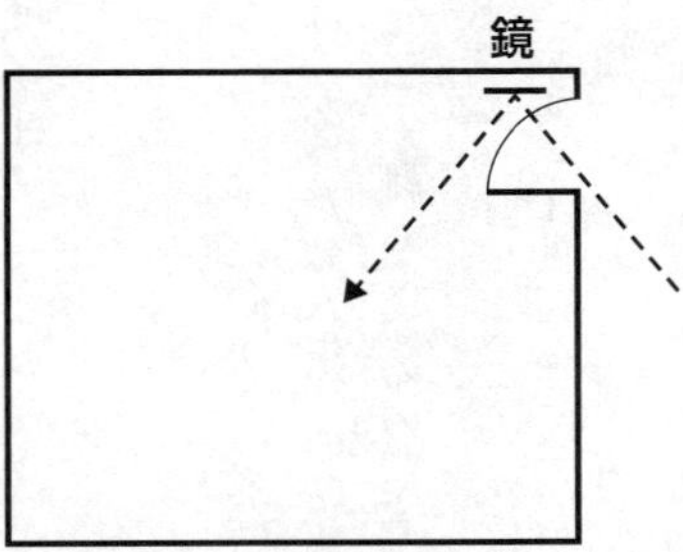


ドアを開けるとすぐに壁が見える場合は、壁に小さな鏡を取り付けて、エネルギーを室内に反射させる

えます。それは人生に苦労を1つ増やすのと同じことなのです。

## 窓

窓はあなたの家の目です。ひび割れたガラスは、あなたが人生に向かう姿勢に影響を与え、時には目に悪影響を与えます。曇ったガラスは、あなたの人生への希望とひらめきに制限を与えます。自分の世界から外へ羽ばたくことが難しくなるのです。

窓ガラスをきれいにして、人生にはっきりしたヴィジョンを持ちましょう。一部しか開かないサッシ窓などは、自分に限界を設けます。エネルギー的にもっとも好ましい窓は、蝶番でとめてある、外側に向かって開くものです。

## 寝室とベッド

どの文化の風水でも、寝室の位置とベッドの位置は重要視されてきました。

### 寝室の位置

どの部屋を寝室にするか、どこにベッドを置くのかを決める前に、ジオパシックストレスと電磁波ストレスをチェックしてください（第十四章、第十五章参照）。一般的にいうと、寝室は玄関からできるだけ遠いほうが望ましいです。そうすれば人生がどのような方向に進んでいるか常に把握し、自分にとって最良のものを選ぶ時間を持つことができるでしょう。寝室が玄関から近すぎる場合は、思いがけない出来事が続出してチャンスを逃し、あとで後悔する選択をしがちになります。また玄関から離れているほうが、気持ちを落ち着けて眠りにつくことができます。そうすれば、人生に対しても安心感を持つことが容易になります。人生にどのようなものを望んでいるのか、自信をもって宣言することができるようになるのです。

## ベッドの位置

寝室のどこにベッドを置くかも、重要です。ドアに近すぎると、眠っていても心からリラックスすることができません。たとえ一人暮らしでも、あなたの潜在意識は、誰かが入ってはこないかと常に警戒しています。窓を頭側にして寝る場合も、後ろから侵入者が入ってはこないかと体のどこかが緊張しているため、ストレスになるのです。

ベッドは、下の図のように、ドアからできるだけ離れた場所に、側面を壁につけずに平行に置きます。ド

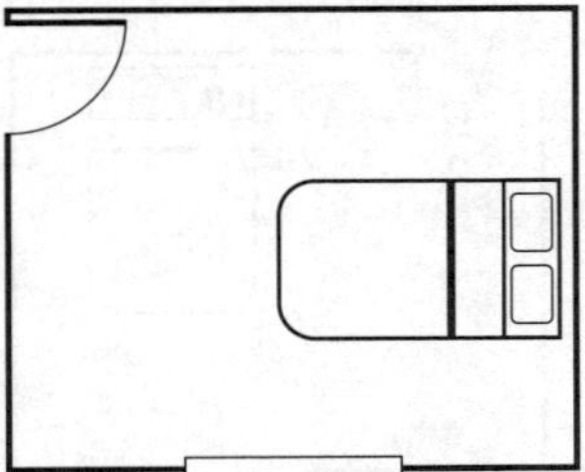


理想的なベッドの配置

アも窓も、遮断物がなく見える位置が理想です。それが無理ならば、下の図のように、鏡を使ってドアが見えるようにします。

足がドアを指す位置はいけません。これは「棺おけの配置」と呼ばれます。伝統的に死人を運び出すときは、足を先にしたからです。イギリスの病院の中には、患者を部屋から運びだすときに、足を先にすると回復に悪影響があるとして、禁止しているところもあります。「足が先」と死を結びつける考えは、私たちの精神に根付いているのです。

どうしてもこの位置にしかベッドを置けないという場合は、ドアとベッドの間にシールドを作るために、フットボードをつけてください。あるいはベッドの足元に小さな引き出しつきチェストを置くという方法もあります。

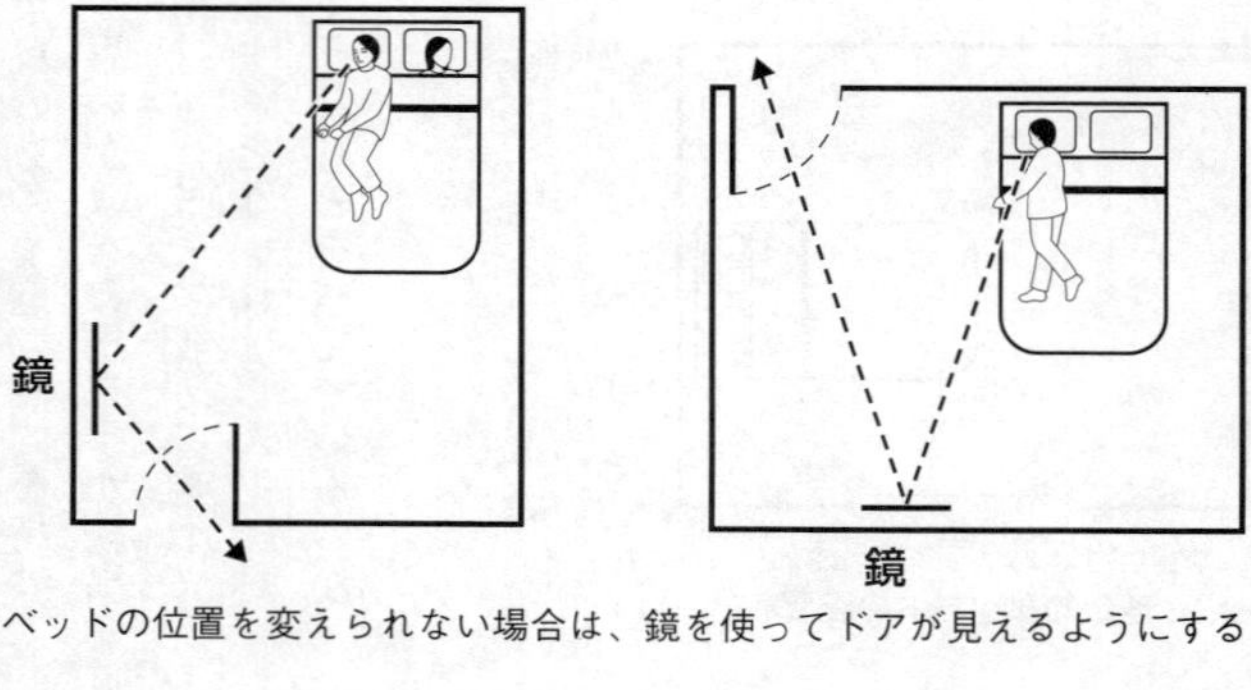


ベッドの位置を変えられない場合は、鏡を使ってドアが見えるようにする

## ベッドルームの家具

ベッドの近くに家具を配置するとき、殺気を作る鋭い角に気をつけなくてはなりません。四角形のベッドサイドテーブル、キャビネットなどはよくある問題です。次のページ上の図の男性は、２つの方角からの殺気に当たりながら寝ているのです。そのため彼は常に行き詰まりを感じます。なかなか前に進むことができず、つい弱気になってしまうのです。

また、次のページの下の図の女性のように、寝ている間に大きな家具の殺気にさらされていると、何かをしようとするたびに目に見えない大きな力が邪魔をするように感じます。

殺気は、それを発するものから離れるほど弱くなるので、スペースが許すなら家具を少し離すのは一つの方法です。ベッドサイドテーブルは布地をかければ殺気が弱くなりますが、さらにいいのは丸いものにすることです。

## ベッド

第十四章にも書いたように、木のベッドに自然素材のマットレスを置いて寝るのが理想的です。下を空気が通るように、ベッドの下にすき間ができるよう工夫してください。

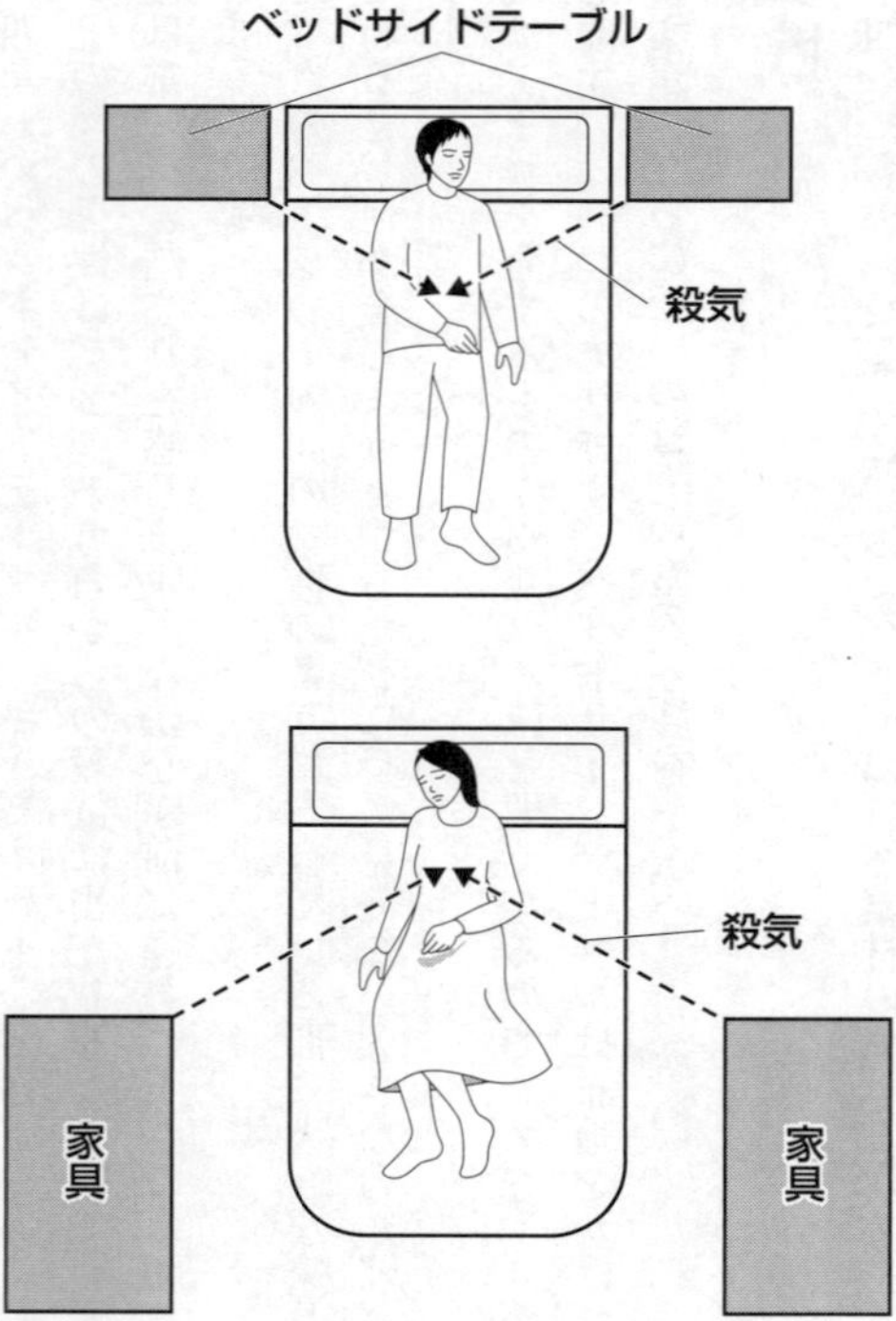


寝ている間に家具の鋭い角が発する殺気にさらされているケース

寝ている間に人が吐き出すエネルギーは、ベッドにしみこんでいきます。ですから何かの転機が訪れるたびに、ベッドは新しくすることをお勧めします。少なくとも10年に一度は換えましょう。新しい恋愛関係がスタートした、あるいは引っ越しをしたというようなきっかけも、新しいベッドを購入するいい機会です。それが無理なら、せめて新しいシーツセットを買ってください。うまくいかなかった以前の恋人と共有していたベッドを、新しい恋人と使うのはよくありません！

パートナーと親密でいたいと願うのなら、真ん中に切れ目の入ったベッドはよくありません。相手とロマンチックな旅をしたいときも、ツインベッド2つをくっつけてダブルにした部屋に泊まってはいけません。分かれたベッドで寝ていると、潜在的に2人の間にギャップが生じてくるのです。

また、むき出しの梁《はり》の下にベッドを置くのは考えものです。ベッドを縦断する位置にある梁は結婚生活に支障を来し、横断する梁はその位置の臓器に疾患を起こしやすくしてしまいます。ベッドルームの天井に梁が交差しているのは、風水学的にいうと最悪です。対処法としては、梁の角を削ってなだらかにする、あるいは天井と同じ色に塗って目立たないようにするなどの方法があります。もっともいいのは、天井板を下に張って目隠しをする、そうでなければベッドを他の部屋に移すことです。これらすべてが実行不可能だったら、私は引っ越すことを勧めています。すでに結婚生活や健康上の問題が起きている場合は、なおさらです。

梁以外でも、ベッドの上には何も吊《つる》してはいけません。健康を害している人の家に行ってみると、ベッドの上に悪趣味な照明器具がぶら下がっていたということがよくあります。寝る位置と、そのぶら下がっているものの位置によって、体のどの部分に問題が起きているのか私にはすぐわかります。

もっともよくない照明器具は、下に向かって尖《とが》った形をしたものです。あるクライアントの家では、7つの突起が下がった照明器具が、彼女のベッドの上のちょうど子宮の位置にぶらさがっていました。その位置でもう3年寝ていると聞いたとき、私は彼女が子宮の病にかかるだろうと確信したのです。聞いてみると、2年前から彼女は婦人科系の問題を抱えているとのことでした。私はベッドの位置を変えるようにアドバイスしました。すると2週間後に彼女から電話があり、寝ている間の子宮の痛みが消えたと報告があったのです。1年後には、すっかり問題がなくなったとのことでした。

これは数多い例の中の、ほんの一部です。寝室に照明器具をつけなくてはならないのなら、せめて体に優しい丸い形のものを選んでください。

## オフィスと机

私がバリ人の友達に、西洋社会では人々は壁に向かって机を置き、お互い背中を向けながら仕事をしていると言うと、彼らは大笑いします。そして、西洋人のほとんどがよどんだ目をしているのも当たり前だ、と言うのです。

風水では、ベッドの次に大切なのは机の位置です。まずジオパシックストレスと電磁波ストレスをチェックしてください。理想的な机の配置は、ドアから対角線上で、壁を背にし、すべての窓とドアが見渡せる位置です。この場所は部屋のパワーポイントに当たり、仕事の能率が上がると同時に精神的に落ち着くでしょう。

ドアの延長線上、あるいは窓を背にして座るのは不安定になるのでやめましょう。仕事中にドアに背中を向けて座ってはいけません。あなたの意識のどこかはいつも誰かが入ってこないか神経を尖らせていて、ストレスを感じています。どうしても机を動かすことができないのなら、風水の処方として小さな鏡を机の上にかけて、後ろから誰かが来たらすぐに見えるようにしておくことです。

家で仕事をする人は、家の外ではなく中に向かうように机を置いてください。そうすることによって、家族とのエネルギーの絆《きずな》は強く保たれます。家族に背を向ける位置で仕事をしていると、自然に孤立していくようになってしまいます。

オフィスでの机の位置も、お互いの顔が見える位置に置くのが理想です。企業のコンサルテーションをするときは、できるだけ社員がいない時間に会社を訪れるようにします。机の配置など、家具の位置を見て歩くだけで、私は経営者にそれぞれの社員の特徴、人間関係、長所と短所、得意なことと苦手なこと、誰が退職を考えているかを、言い当てることができるのです。退職を考えている人はたいがいほかの同僚たちに背を向けているか、ちょっと不自然な位置に座っていることが多いのです。

あるクライアントは、ツアー会社を経営していました。彼は自分のオフィスの大部屋の一番奥に、社員や入り口に背を向けて座っていました。風水のコンサルテーションを終えてから、彼は机の向きを変え、社員と自分を隔てていたファイルキャビネットを取り除きました。その1か月後、予期もしていなかったところから契約が取れ、彼の会社は今ではキューバでもっとも人気のツアー会社になったのです。仕事があまりにも忙しくなったため、半年間パンフレットを印刷することもできなかったのに、彼の会社のツアーは引っ張りだことなりました!

# 第十八章　風水定位盤

中国で開発された、風水定位盤というすばらしいものがあります。これは易《えき》から生まれたもので、家やオフィスの見取り図に当てはめると、建物のどの部分があなたの人生のどの部分に影響を与えているかがわかるのです。これを知ると、家のすべてが人生に関連していることがわかり、新しい意味を理解するようになります。伸び放題のトゲトゲした植物の植木鉢を、恋愛関係をつかさどる場所から動かしたくないとクライアントが言い張るとき、私は「それはあなたが恋愛生活に望むものですか？」と聞くのです。

人生はマクロ宇宙のミクロの世界。それと同じく、風水定位盤の中にさらに定位盤があります。あなたの家が建っている土地の定位盤があります。さらに、建物そのものの定位盤もあります。そして各部屋にも定位盤。個々の机、ベッドにまで定位盤を当てはめることができるのです。

## 定位盤を当てはめる

大まかなあなたの家の見取り図を、描いてみてください。部屋の大きさの比率は、できるだけ正確にしてください。何階もある家に住んでいるのなら、とりあえず玄関口のある階にします。あなたの家がきっちりした正方形あるいは長方形など、左右対称の形だったら、これらに286ページの上の図のように対角線を鉛筆で引きます。家が不規則的な形だったら、同ページの下の図のように欠けた部分を補充して対角線を引いてください。

次に、左ページに示した八角形の図(風水定位盤)をトレシングペーパーを重ねて写します。そして定位盤の中心と、家の対角線が交差した中心を重ね合わせてください。定位盤はサイズを縮めても拡大しても意味合いは変わりませんので、家の図に合わせてください。

最後に、定位盤をぐるりと回して、人が(そしてエネルギーが)入ってくるドアが下に来るようにしてください。普通これは正面玄関ですが、家によっては普段みんなが使うのは裏口のこともあるでしょう。家の一部を改装したアパートメントに住んでいる人、あるいは部屋だけを借りている人は、自分の住居部分に入る入り口をこれに当てはめます。287ページに定位盤の当てはめかたの例をあげました。

2階以上ある家に住んでいる人は、各階にそれぞれの見取り図を作り、同様に当て

## 風水定位盤

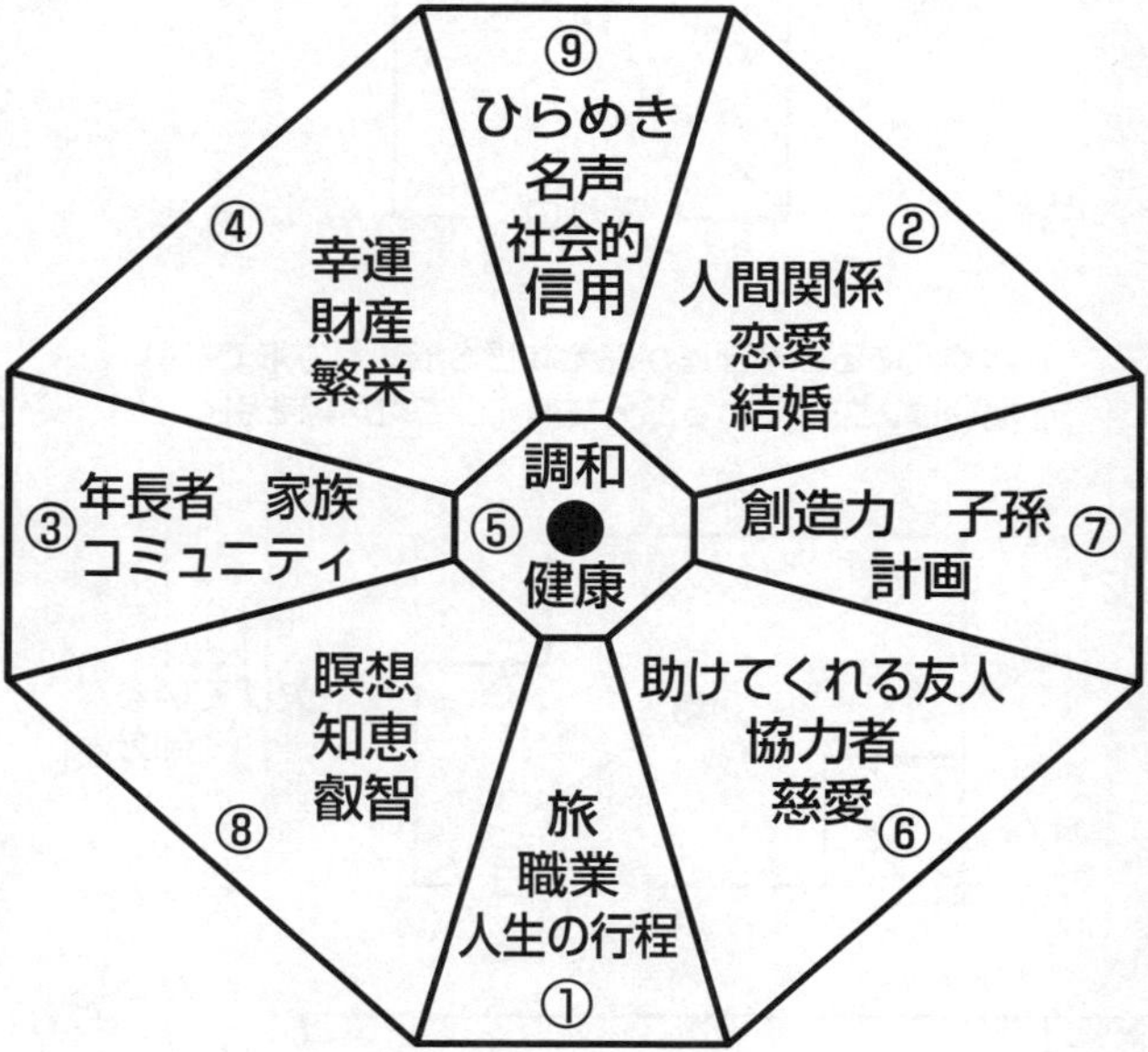
⑨
ひらめき
名声
社会的
信用
④
幸運
財産
繁栄
②
人間関係
恋愛
結婚
③
年長者　家族
コミュニティ
⑤
調和
健康
創造力　子孫
計画
⑦
瞑想
知恵
叡智
⑧
助けてくれる友人
協力者
慈愛
⑥
旅
職業
人生の行程
①

建物、あるいは部屋の見取り図を描いて、対角線を引く

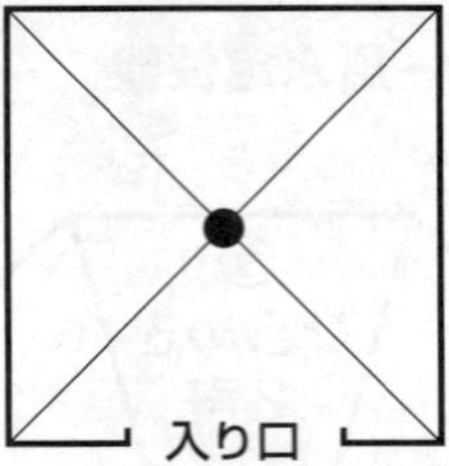


建物、あるいは部屋が完全な正方形や長方形でない
場合は、欠けている部分を補充して対角線を引く

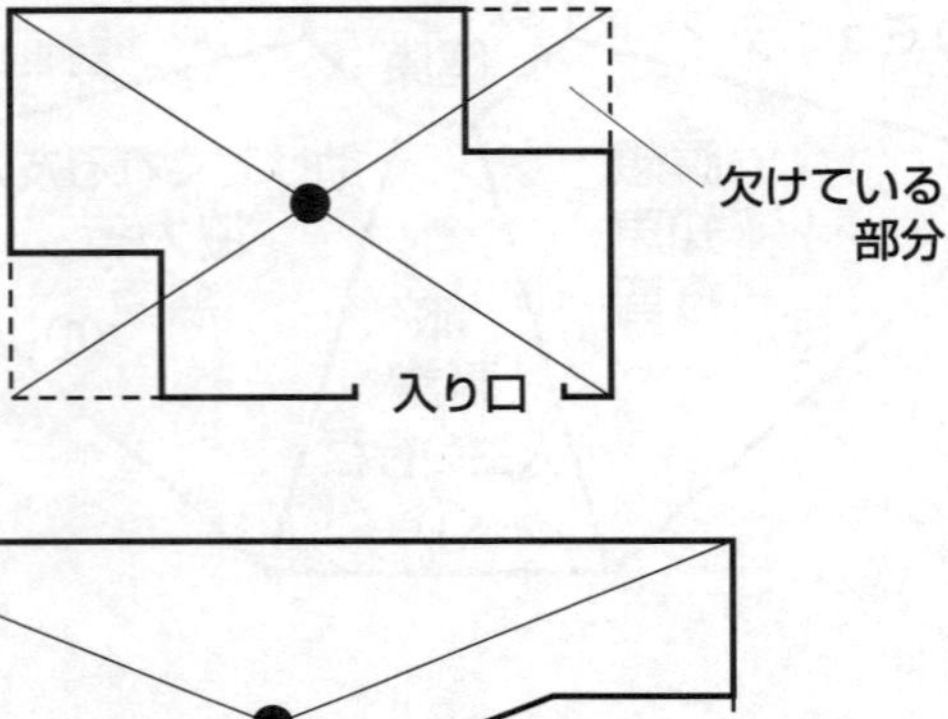

入り口が下に来るようにして、見取り図の対角線の中心が、定位盤の中心に重なるように、定位盤を当てはめる

建物、あるいは部屋が完全な正方形や長方形でない場合の定位盤の当てはめかた

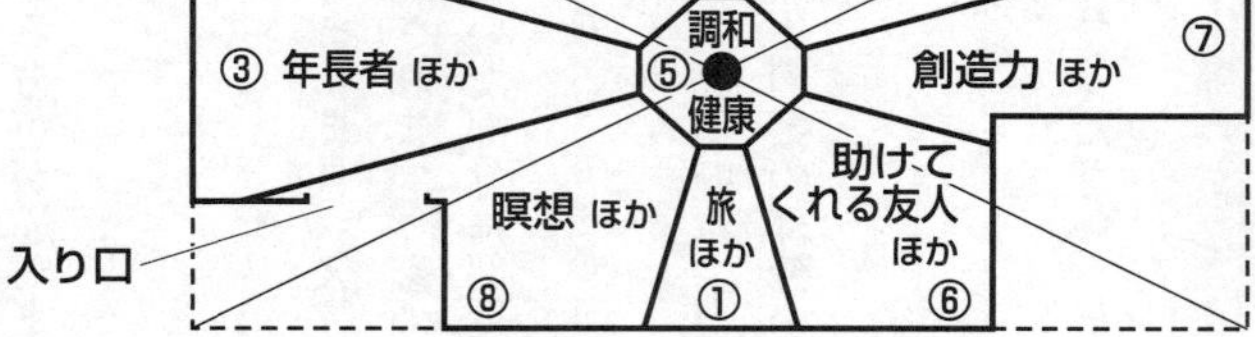

はめていきます。ほとんどの建物は、階によって定位盤を当てはめる方角が違います。各階の入り口を、定位盤の下に合わせてください。

## 欠けている部分

あなたの家がきちんとした四角形ならば、完全な定位盤が当てはまります。欠けている部分がある場合は、そこをつかさどる分野に多少の困難が予想されます。家の裏に建て増しをしてから人生が下り坂になった、あるいは逆に欠けていた部分に部屋を作ったら人生が好転した、という経験をした人は大勢います。

では、ここからは、定位盤の9つのセクションと、そこの部分が欠けている場合の風水処方について説明していきましょう。同時に風水の処方が、人生のどの部分を改良していくかについても述べます。

## 定位盤の9つのセクション

以下を読んで、あなたが焦点を当てたいのはどの部分なのか決めてください。最初は1つか2つだけ選んで集中したほうが効果的です。

## ①旅（あるいは職業）

このセクションは、物質的にあなたの生計を立てているものだけでなく、スピリチャルなレベルのあなたの人生の行程、一般的なものごとへの取り組み方を象徴します。新たな始まり、チャンスなど。風水によってこのセクションのエネルギーを活性化することにより、職業運が上がり、人生の新たな方向性が見えてきます。

## ②人間関係（あるいは結婚）

人間関係とは、あなたの恋愛関係、自分自身との関係、家族、友人、同僚、そして一般的な人やものとの関係を指しています。あなたが独身でパートナー募集中なら、家のこの部分をきれいにしてください。既婚者も、この部分をきれいにしておくと安定したよい関係が保たれます。またあなたが接するすべての人との調和が訪れるでしょう。

## ③年長者（あるいは家族）

このセクションは、あなたの血筋、祖先、親、目上の存在、そして過去からの影響をつかさどります。潜在的、顕在的にあなた自身の行動の基をなすものです。この部分のガラクタを取り除き、エネルギーを活性化することによって、両親や目上の存在との関係が良好になります。

## ④幸運（あるいは財産、繁栄）

家の幸運のセクションは、宇宙からの恵みをつかさどります。それは物質的豊かさ、お金など、さまざまな形での豊かさとなって現れます。風水でこの部分のエネルギーを活性化させると、ビジネスでの成功の鍵となる人間関係が活性化します。この部分にトイレ、物置、車庫などがある家に住んでいると、財運に滞りが生じます。

## ⑤調和（あるいは健康）

健康であることが私たちの幸せな人生の中心であるように、健康やバイタリティに関するセクションは、その建物の中心にあります。この部分にガラクタが溜まっていると、疲労感、無気力感が取れなくなるので、いつもきれいにしておくようにしてください。中国では伝統的に建物の中心に空間ができるよう、中庭を作っていました。慢性の病気をかかえている人は、各部屋の中心がきれいになっているかどうか、チェックしてください。

## ⑥助けてくれる友人（あるいは協力者）

助けてくれる友人のセクションのエネルギーを活性化させると、驚くほど助けの手を差し伸べてくれる人が増えます。それは家族や友達、同僚、上司、または行きずりの人かもしれないし、あるいは夜、何気なく開いた本に答えを見つけたというような形で訪れるかもしれません。このセクションは、神様や宇宙、守護天使、守護霊、目に見えない助けに向かってお願いごとをする祭壇を作るのにいい場所です。人は与えるものを自らも受け取るものですから、ここはあなた自身の慈愛行為をつかさどる場所でもあります。

## ⑦創造力（あるいは子孫）

このセクションは、あなたがこの世に誕生させるすべてのものを指しています。子供の養育や、企画の完成に力を入れたいときは、この部分を活性化させましょう。またこの部分は、あなたの望むものを絵にした「宝の地図」を貼るのにいい場所です。新しい車、よりよい就職先、憧《あこが》れの場所への旅行など。私自身もこの方法ですばらしい結果を手に入れたし、多くの人から同じような体験を聞きました。絵の中に、楽しそうに微笑《ほほえ》んでいるあなた自身の写真を加えることをお忘れなく。

## ⑧瞑想（あるいは知恵）

このセクションは、新たに学ぶこと、内省、瞑想《めいそう》、内なる導きをつかさどっています。この場所は、図書室、書斎、あるいは瞑想に使う部屋などに向いています。学問、直感、スピリチュアルな集中力の強化、ハイアーセルフ（大いなる自己）からの導きを望む人は、この部分をきれいにしましょう。

## ⑨ひらめき（あるいは名声）

人はそれぞれ違います。このセクションは個性の表現、あなたに向いているもの、あなたの得意なものをつかさどっています。さらに高いレベルでは、スピリチャルな悟り、自己の発見などを意味します。自分のカリスマ性、明晰《めいせき》さ、知名度を進歩させ、スピリチャルな可能性をさらに育《はぐく》みたい人は、この部分をきれいにするとよいでしょう。入り口の反対側にあるため、部屋の中心地になりやすい場所でもあります。

## トイレが望ましくない場所にある場合

西洋社会では、トイレの場所に問題があるなどと考える人はほとんどいません。でも風水定位盤の知識がある人は、これは大切なことだと知っています。風水師たちは何世紀もの間に、トイレが幸運のセクションにあると財運に支障を来すことを学んできました。シンボル的にいうと、利益を毎回水に流すことになってしまうのです！お金が入ってきても、この位置にトイレがある家に住んでいる人は、同じくらいお金が出ていきます。１９９３年にイギリスで風水が一般社会に知れ渡り始めたころ、私はグラナダテレビの「ディスモーニング」に出演して、トイレがこの位置にある家の問題について語りました。放送終了後、グラナダテレビの電話交換台には、「今の家に引っ越してから、お金が出ていくようになった理由がこれでわかりました！」という視聴者からの反響が押し寄せたのです。

幸いなことに、この問題に対する風水の処方箋《しょほうせん》はいくつかあります。すべてを試してみることができれば、もっとも効果的です。

1　トイレに窓があったら、多面球形のクリスタルをぶらさげて、部屋中に虹《にじ》を作る。
2　使用していないときは、トイレのふたを閉める。
3　トイレとお風呂場が分かれているのなら、トイレのドアは常に閉めるようにして、外側にエネルギーを反射させる鏡をつける。鏡は大小かかわりなく、フレームのついたものを、ドアにぴったりとつける（鏡のつけ方は、第十九章参照）。

4 トイレのエネルギーレベルを上げるために、元気のいい、丸い葉が上向きに生えている植物の植木鉢を置く。それが無理なら、生気のある木や植物、あるいは満開の花などの絵を飾る。

これらの対処により、ほとんどの問題は解消されます。でもその家に住んでいる限り、ドアもトイレのふたも必ず閉めるように気をつけると同時に、お財布のひももしっかり閉める習慣をつけてください。次に新しい家を探すときは、先に不動産ブローカーに家全体の見取り図を見せてもらい、トイレの位置を確認すれば、無駄足をふまずにすむでしょう。

# 第十九章　さらなる風水の魔法

風水があなたの暮らしにもたらす、魔法のような効力についてさらに詳しく述べる前に、1つ大切なアドバイスがあります。

風水による処方は、〝**ガラクタをクリアリング**〟してから、ゆっくりと実行してください。

一度に家全体の風水を整えようとしてはいけません。少しずつ実行していくのです。まずガラクタを整理します。これをしないで風水のアレンジをすると、問題を解決するどころか増幅させることすらあります。あなたがまだ家のスペース・クリアリングを行っていないのなら、今からやりましょう。そして今の人生の中で焦点を当てたいセクションを1つか2つ選ぶのです。何かを変えるたびに、エネルギーが落ち着くのを待って次へと進んでください。

私のワークショップに参加したある売れっ子の美容師は、この部分のアドバイスに耳を傾けませんでした。彼女は家に帰るとすぐに、あちこちに鏡をつけて、クリスタルボールを吊《つる》し、すべての家具を移動させたのです。翌日、6人のクライアントが電話で予約をキャンセルしてきました。ある別な女性も、個人でコンサルテーションを受けたあとに同じことをやりました。そしてその行為は、家族全員が、彼女が落ち着きを取り戻さない限り家出すると脅すまで、止まらなかったのです。

前の章とこの章を読んだあなたは、すぐにでも風水の処方を実行したくなるでしょう。でも、自制心を持ってください!

## 風水の処方と活性化

風水の処方とは、家のエネルギーの流れを調整して、人生のその分野を改善させることです。たとえば家の幸運の部分が欠けていたら、それを改善する処方が必要になります。幸運の部分があるのに住民の経済状態が傾いているのなら、風水の処方によって状況を改善することができるでしょう。人生は常に変化をしています。あなたが集中したい分野も、その時々で変わってくるはずです。

処方のセクションを読むとき、家の各部屋にもそれぞれ定位盤が当てはまることを忘れないでください(見取り図の対角線の中心を定位盤の中心に合わせ、入り口が下に来るようにします)。どこか改善したい部分があるのなら、家全体のそのセクションと同時に、各部屋、特にあなたが長時間過ごす部屋のそのセクションもきれいにしなくてはなりません。

スペース・クリアリングと同じように、あなたの目標がはっきりしていればいるほど、風水で得られる効果も大きいのです。また自分のことだけではなく、周りの人すべてにとってベストな結果を心から願うと、戻ってくる結果もより効果的です。

## 鏡

西洋社会で育った人々の潜在意識の奥深くには、「白雪姫」の物語が刻み込まれています。美しいけれど心の曲がった継母《ままはは》の女王は、毎日鏡に向かってこう問いかけます。「鏡よ鏡、世界で一番美しいのは誰？」。女王がどれほど怒っても、鏡は本当のことを告げるのです。彼女より白雪姫のほうが美しい、と。

さらにルイス・キャロルの「鏡の国のアリス」のような、すばらしい文学作品もあります。鏡を割ると、不運が7年つきまとうというような迷信も、昔から信じられてきました。鏡には魔法の力があると言われてきましたが、実際、エネルギーを伝達する力はとても強いのです。風水では鏡を使う処方がとても多いので、鏡を「風水のアスピリン」と万能薬扱いするほどです。

## 鏡と風水

鏡は家の中の欠けている部分を補う、とても便利な道具です。下のイラストにある見取り図の家は、幸運のセクションが欠けています。でも図のようにどちらかの壁に鏡をかけることにより、補うことができるのです。両方の壁に鏡をつける必要はありません。どちらかに窓があるのなら、鏡よりもクリスタルを使うほうがいいでしょう（303ページからの「クリスタル」の項参照）。

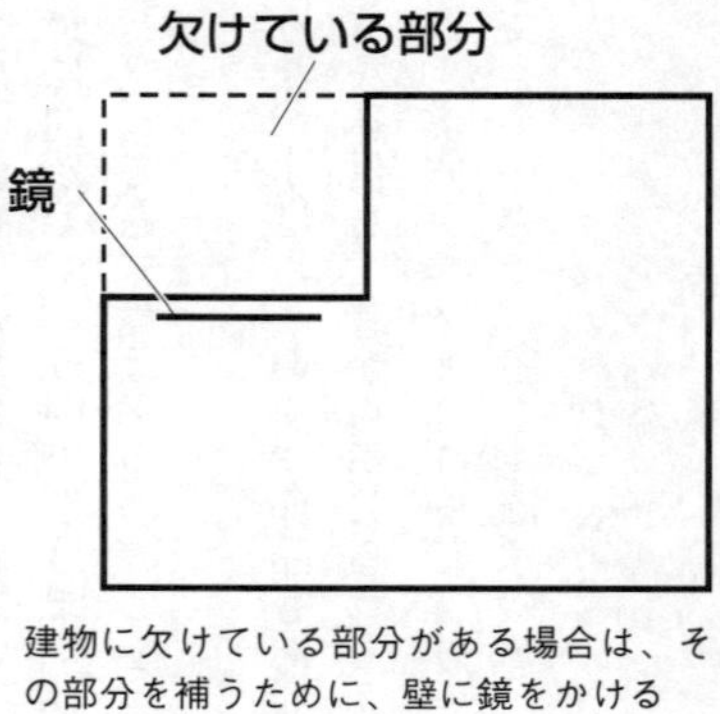

建物に欠けている部分がある場合は、その部分を補うために、壁に鏡をかける

## 定位盤と鏡を組み合わせて使う

エネルギーを活性化したいセクションに鏡をかけてみると、これがどれほど強力なものかわかるはずです。エネルギーの世界のボリュームを上げるようなものなのですから。もちろん、上がりすぎることだってあります。鏡の数が多すぎると目まいがして、嘔吐《おうと》感を覚えることもあります。ひと部屋に鏡1枚がちょうどいいでしょう。状況によって、必要なら小さな鏡を増やしてもかまいません。

## スペースを広げるための鏡

鏡は薄暗い廊下などに、光を（そしてポジティブなエネルギーを）取り込むために利用できます。また小さい部屋を大きく見せることもできます。そのもっともわかりやすい例は、飛行機のトイレです。あの小さな空間に鏡がなければ、閉所恐怖症になってしまうでしょう。レストランやお店でも、広々とした感じを出すためによく利用されています。また一般家庭でも、部屋や廊下を広く見せるために鏡がよく活用されます。

## 鏡で倍にする

鏡を利用して、象徴的にエネルギーを倍にすることができます。お店でよく使われる風水処方は、収益が倍になることを願ってレジスターの金庫の横に鏡を置いたり、セールスが倍になることを願って商品棚を鏡張りにしたりすることです。でも仕事場の机に鏡を置くのはあまりいいアイディアではありません。報酬はそのままなのに、仕事の量が倍になる可能性があるからです！　鏡を置く前には、必ずガラクタを片付けてください。そうでないと、増えるのは問題ばかりです。

## 寝室の鏡

寝室に鏡が多すぎると、あまりよく眠ることができません。寝室に置く鏡は四角形よりも丸いほうが好ましく、ベッドが映らない位置に置いてください。ベッドのヘッドボードやフットボードが鏡になっているものはお勧めできません。子供の寝室には、本人がねだらない限り鏡を置かないほうがいいでしょう。

## 鏡の保管

鏡はとてもパワフルなものです。無造作に壁に立てかけておくと、エネルギーがあちこち好き勝手に反射します。そのためあなたの人生も、混乱とカオスに満ちたものになってしまいます。使用していない鏡は、カバーをかけるか、伏せて光が入らないようにして保管してください。

## 鏡のかけ方

鏡をかけるときは、いつもそれを使う人の頭が上下とも切れない位置にしてください。子供がいるのなら、子供が楽に使える位置か、あるいはまったく映らない場所を選んでください。子供の目だけが映る場合、彼らは自分が余計もので、大人の期待にこたえられないという気持ちになりがちです。

鏡が首より下の体の一部だけを映す場合、鏡が切った体の部分に何らかの支障を来しがちです。たとえば家の鏡が、普通の姿勢だと腰から下だけを映す位置にある場合、あなたの腰のあたりに支障が起きがちになるのです。きちんとかけた鏡ではこのようなことはあまり起きませんが、壁に立てかけておいたものや、寝室のドレッサーの鏡などが要注意です。

ある女性は、頭が切れる位置に鏡をかけていて、ずっと頭痛に悩まされていました。彼女のアパートメントのちょうど中央にかけてあったため、毎日何度も頭の上が欠けた自分の姿を見るはめになっていたのです。頭全体がきちんと映る位置に鏡を移すと、頭痛も治ってしまいました。

もっともよく使う鏡は、まだまだあなたにこれから成長の余地があるよう、頭上の空間がたっぷり取れる位置にかけてください。

鏡の中に別な鏡が映る配置にしてはいけません。エネルギーが行ったり来たりしてしまうからです。ある男性は、職業のセクションにある廊下に、向かい合わせで2枚鏡をかけていました。彼はいつも忙しく仕事をしていたのに、少しも成果が得られなかったのです。鏡を1枚取り除いたら、とたんに業績が伸びました。

定位盤の中でもっとも適した場所に鏡をかけても、映っているものがあまり好ましくなければ意味がありません。鏡は、きれいなものが映る位置にかけてください。

鏡を壁によりかけたり、斜めにかけたりしてはいけません。斜めになった鏡は、あなたが望む結果とは違うものをもたらします。鏡はしっかりと壁に固定させてください。

## 鏡の種類

屋内で使うのなら、鏡は部屋のサイズに合う限り大きなものを選びましょう。くぼみなどに合わせてカットされたものでない限り、縁のついた鏡が好ましいです。縁なしの鏡は、人生を不安定にします。縁つきのものだったら、円形、楕円形《だえん》、正方形、長方形など何でも構いません。

鏡は全身を映すときに身を縮ませる必要のない、たっぷりした幅のあるものを。全身を映す姿見の場合、これは大切なことです。自分の姿を映したときに、周りにゆったりとスペースがあるくらいがいいのです。

タイル式になった鏡は、厳禁です。あなたの姿が何重にも細かく分かれ、人生にも同じことが起こります。鏡張りになったクロゼットも、好ましくない影響をもたらします。凸型の鏡は、緊急時の応急処置に効果的です。しかし、抗生物質のように、問題が起きたときの対応には有効なのですが、乱用すると効き目が薄くなり、さらには問題が起きてくることもあるので注意が必要です。あるクライアントは、スタッフが見つからなかったときに、「助けてくれる友人」のセクションに凸型鏡を置いてみると、志願者が大勢やってきました。経済状態が悪くなったときに「幸運」のセクションに動かしてみると、問題はすぐに解消されました。彼女はこの鏡を、いざというときの保険として保管しています。

## 鏡のお手入れ

鏡はピカピカにしていると、よい影響をもたらします。反射面の澄んだ鏡が理想的です。曇った鏡は人生にも曇りをもたらしますが、さらに最悪なのはくたびれたアンティークの鏡です。あるクライアントはすてきなお屋敷に住んでいましたが、彼女の職業をつかさどる入り口の部分に、くたびれたアンティーク鏡を3枚かけていました。そしてこの鏡をかけた3年前から、彼女もご主人も仕事が見つからず、経済的に深刻な状態になっていたのです。

割れた鏡はすぐに修理するか、処分しなくてはなりません。

# クリスタル

## クリスタルの使い方

窓際に吊したクリスタルから虹《にじ》が出ている部屋に入ると、それだけで気分がよくなります。クリスタルが太陽の光のエネルギーを、部屋中に反射させているのですから。これは象徴的に、あなたの人生にポジティブな力をもたらします。クリスタルはエネルギーを強め、活性化し、明るくします。窓際に吊して太陽の光線を受けていると、その効果は倍増します。

クリスタルは定位盤の特定の場所のエネルギーを活性化するのにも使えるし、欠けている部分を補うことにも使えます。欠けている角に面した窓に吊すと、家の中にエネルギーを呼び込みます。

クリスタルは、窓の中央の上のほうに吊すのがもっとも効き目が強いようです。その周辺のエネルギーを活性化させるので、そのセクションがあなたの人生で活性化が必要な部分をつかさどっていることをきちんと確認してから処方してください。

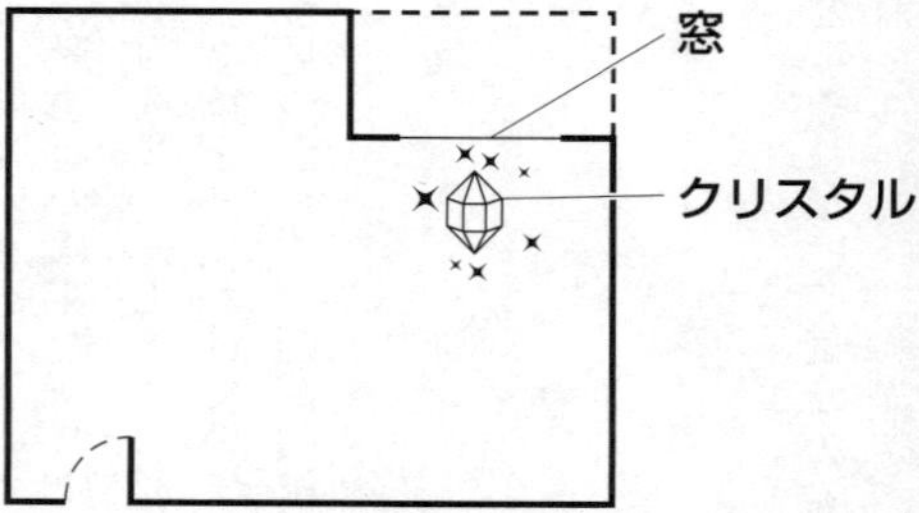

欠けている部分に面した窓にクリスタルを吊すと、家の中にエネルギーを呼び込んでくれる

## クリスタルの種類

無色透明、多面的にカットしてあるレインボー・クリスタルがベストです。虹の色

がきれいに出るということは、あなたの可能性を最大限に伸ばせるよう祈願するという意味になります。ホリスティックの観点から見ると、球形のクリスタルがもっとも効果的。部屋の大きさに合わせてサイズを変えてください。直径2センチほどのものは子供部屋や小さな部屋に。直径6センチ以上の大きなものは、宴会場やそのサイズの大きな部屋に使ってください！　あなたが吊したいと思っている窓にしっくり来るサイズを選びましょう。

## クリスタルのお手入れ

割れたクリスタルを使ってはいけません。エネルギーがゆがんで、不本意な結果をもたらします。窓もクリスタルも、いつもきれいに磨いていてください。クリスタルはできれば週に1度、少なくとも月に1度は洗う習慣をつけましょう。毎月の初めに洗うと決めると、忘れないでしょう。吊したまま、ボウルに入れた湧《わ》き水に浸し、自然乾燥をさせます。クリスタルがあなたによくしてくれるように、あなたもクリスタルのお手入れをしてください。

## 照明

照明の使い方によっては、陰気な地下室を魅力的な部屋に変え、何の変哲もない店を人が集まってくる場所に変身させます。照明には雰囲気を一掃し、エネルギーを活性化させる力があります。定位盤に合わせて、植木鉢、スクリーン、装飾品などに照明を当ててみてください。家の外側にきれいにつけた照明は、帰宅時にほっとさせてくれます。低い天井、混雑した部屋、暗い廊下などには、下からの照明で照らしてエネルギーレベルを上げましょう。欠けた部分のある家を補うには、欠けている角の部分に照明を置いて、外側から家に向けて照らします。

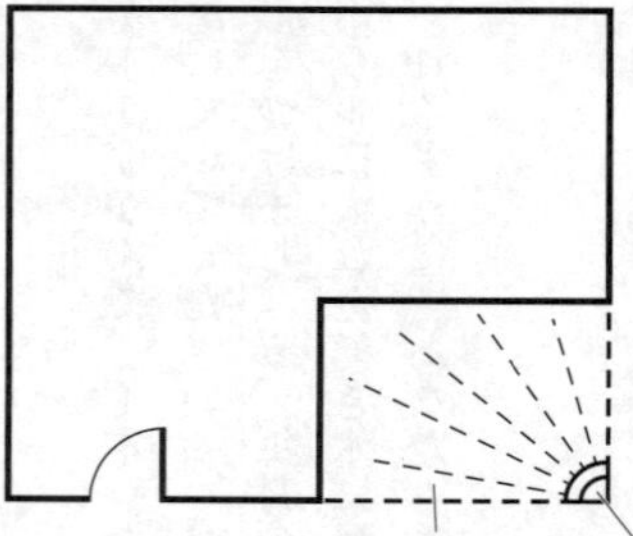


照明を使って、欠けている部分のある建物を補う

## ウィンドチャイム

玄関先や廊下にウィンドチャイムがかけてあるのを、よけて入らなくてはならない家が多いのに驚かされます。このような使い方は、エネルギーの流れを助けるどころか、妨げているのです！

風水では、ウィンドチャイムはエネルギーを落ち着かせるのに使います。風に向かって手を差し出すことを想像してみてください。指を閉じていたら風が間を通ることができませんが、開くとその隙間《すきま》から風が流れていきます。ウィンドチャイムも、同じことです。エネルギーの一部をブロックして流れをゆるやかにし、残りを流します。美しい音が、流れていくエネルギーを浄化します。チャイムの音は心地よいものですが、必ずしも音がしなければ効き目がないわけではありません。これはすでに何千年も風水に使われてきたものですから、物理的に音を出さなくてもその効力は有効なのです。

ウィンドチャイムが必要なのは、どんなときでしょう？　たとえば階段が入り口からまっすぐ伸びているような場合です。玄関と階段の間の天井にウィンドチャイムを吊すと、エネルギーが（そしてお金が）勢いをつけて玄関から転がり出ていくのを予防することができます。また玄関と裏口がまっすぐ延長線上にある場合も、家の中をエネルギーが素通りしてしまい、チャンスを逃しがちになります。間にウィンドチャイムを吊すことで、エネルギーの流れがゆるやかになり、チャンスを見極めることができるようになるでしょう。長い廊下のエネルギーの流れを落ち着かせたい場合や、定位盤の中でエネルギーの流れを整えたい場所などにも適しています。

ウィンドチャイムのもう一つの使い方は、家のエネルギーのレベルを上げることです。バリ島の人たちは、家のひさしに竹でできたウィンドチャイムを吊すのが大好きです。風に吹かれると美しい音色が、田んぼのほうまで流れていくのです。中国の風水では、会社やお店などの入り口付近にウィンドチャイムをつけることを勧めています。

## 植物、花

植物は、あなたが作りたいと望む形をしているものを選びましょう。風水では一般的に、丸い葉が上向きに生えているものがよしとされます。私のお気に入りはカネノナルキ（Crassula Argentea）で、幸運のセクションのエネルギーの活性化に最適です。狭い部屋には、葉の尖《とが》ったものはよくありません。突起から出る殺気が論争をもたらし、特に人間関係のセクションに置くと摩擦をもたらします。

私の「初歩の風水」のワークショップを受講したある男性は、今の家に17年前に引っ越してからずっと、幸運のセクションに棘《とげ》だらけのサボテンを置いていたことに気がつきました。彼はワークショップの翌日、それを処分しました。するとシンガポールの叔母の元を訪れていた彼の妻から電話があり、彼女が突然2人のために5桁《けた》の数字の小切手をくれた、というのでした。その前に叔母がお金をくれたのは、17年前に家を買ったときでした。

## 動物

ペットは、家の中を走り回ってエネルギーを活性化するのに役に立ってくれます。

ある少女は定位盤のことを学んだあと、家に帰ると自分の部屋の幸運の場所にハムスターを移し、回し車で活発に遊ぶようにしむけたのです。数週間後に彼女から、あれ以来彼女のお小遣いが3倍に増えたと元気な声で電話がありました。もっとも、気の毒なハムスターは運動のしすぎで衰弱し、痩《や》せてしまいました。彼女と話し合いをした結果、2倍のお小遣いと健康なハムスターで手を打とうということに決定したのです！

## 動くもの

動くものは、すべてエネルギーを発生させます。ネオンサインなどは、ビジネスの活性化に使われます。エスカレーターや動く歩道なども同じ役割をしますが、上行きよりも下行きのエスカレーターの数が増えないよう、気をつけてください。家では、定位盤の活性化したい部分にモビール（動く彫刻）をつけるのも一つの手です。

## 大きな置物

風水の処方として、エネルギーを落ち着かせるために石の彫刻などを使うこともできます（特に寝室の下が空き部屋だというような場合、この方法が有効です）。それ以外でも、木や石でできた重たいもの、大きな家具は、状況を落ち着かせたいセクションに置くことで応急処置ができます。仕事が危うい状況の場合は「旅」のセクション、お金のことは「幸運」のセクション、恋愛のことなら「人間関係」の部分、という具合です。でもあまり長い間置いておくと、今度はエネルギーを鬱積《うっせき》させて逆効果になってしまいます。ですから状況を注意深く観察しながらやってください。

## 象徴的なもの

装飾品や絵などは、それぞれの定位盤のセクションに合わせて、あなたが望むようなものを飾ってください。ある女性は理想のパートナーを探していたのに、いつもボーイフレンドには失望していました。「どの男も、爆竹をたかないと動かないような人ばかりだったの」と言います。彼女の家に行ってみると、「人間関係」のセクションに仏陀《ぶっだ》の像がどっかりと座っているではありませんか。ところが、彼女がその像を、もっと活動的で男っぽい彫刻に替えると、理想の相手が見つかったのです！

天井に圧迫感を覚える場合は、気球、凧《たこ》、天使、ヘリコプター、飛行機、鳥、蝶《ちょう》などが飛んでいるイメージが有効です。風水では、飛んでいるカモの姿も、エネルギーの流れが上向きになるように、急な階段の処方に使います。彼らを階段の上に向けて飾るのです。

## 水

世界のどこの国でも中華レストランには水槽があるか、あるいは泳いでいる魚の絵が飾ってあります。中国の風水では、魚が泳いで活性化する水は財を呼び込むため、ビジネスで重宝されています。

また処方として、あなたの家に向けられている殺気を和らげるには、その方向に噴水を置くといいといわれます。また欠けた部分のある家は、そこに鳥の水浴び場を作るとエネルギーが活性化されます。

## 色

以前、私がビクトリア朝式の大きな家に住んでいたころ、部屋をそれぞれ違う色に塗ってみるという実験をしてみたことがあります。茶色い部屋、赤い部屋など。すると、それぞれの色には独特の効果があることがわかりました。赤は人目を引いたり、賑《にぎ》わいをもたらします（看板に赤を使っているところが多いのはそのためです）。青は涼しく、落ち着きをもたらします。緑は癒《いや》し、エネルギー充電。黄色は感情を豊かにします。茶色は落ち着きますが、重すぎることもあります。ピンクは恋の色。オレンジは食欲を増幅させます（減量したい人は、キッチンをオレンジ色にしてはいけません！）。

白と黒はそれ自体は色ではありませんが、すべての色を拒否すると同時に、すべての色を含んでいます。それぞれの文化によって、違う意味があります。バリ島では白はもっとも崇高な色で、生と死のサイクルの純潔を象徴しています。中国では死と喪を表します。一般的には、インテリアに白を使うと可能性を広げることを意味しますが、過剰に使うと人生の方向性を見失ってしまいます。黒は変化を表していて、ティーンエイジャーの多くは「黒の時代」（黒い服を着て部屋を黒く塗るなど）を経て自己探求をしていきます。

　色に関する感情は、個人差も大きいものです。家に入って最初に目にする色が、快適度、そこで達成できるものの可能性など、あなたの気持ちを左右します。ですから、必ず玄関には気分がよくなる色のものを選んで置いてください。

　パステル系の色は、原色よりも高い波動を持っているため、赤ちゃんの部屋などには最適です。もう少し大きくなると、子供はより原色に惹《ひ》かれるようになります。自分の好みがはっきりする年頃になったら、好きな色を自分で選ばせてあげましょう。またあなたの中でエネルギーの変化があると、色の持つ波動に対する感情も自然に変わります。ごく自然に、室内装飾も変えたくなるのです。

## 「これでいい」と知る方法

### 「かちり」とはまる

私がコンサルテーションを行ったクライアントの一人に、とても繊細な女性がいました。彼女は家の中の家具などを動かしたときに、心の中で「かちり」とはまった感触を味わうと言います。風水とはエネルギーの流れを整えることですから、このような感覚は正常です。彼女は内側で、エネルギーの調整がうまくいった手ごたえを味わっていたのです。

### 外観

風水の処方は、家全体の趣味とマッチしていなくてはなりません。遊びに来た友達に、「何でこれが、こんなところにあるの？」と聞かれたら、考え直してみてください。中国風の鏡やウィンドチャイムは、中華街ではお洒落《しゃれ》に見えても、西洋風のタウンハウスではミスマッチになってしまいます。必ずあなたのインテリアのスタイルに合ったものを選んでください。うまく定着したものは、見てくれもよく、他人も褒めてくれるはずです。

## 感覚

体は、あなたにとって何がベストなのかよくわかっています。体からのシグナルをきちんと読み取ることができれば、頼りがいのあるガイドになるでしょう。風水の配置を正しくすれば、体が伸び伸びと感じ、とても楽な気分になります。このことについては、ディーパック・チョプラが著書『The Seven Spiritual Laws of Success』の中で、次のようにうまく形容しています（日本ではPHP研究所より岡野守也訳『人生に奇跡をもたらす7つの法則』として発刊）。

「宇宙はとっさに正しい選択ができるよう手助けをするという、興味深い性質がある。その性質は、体で感じるセンセーションとして伝わってくる。人の体は、2種類のセンセーションを感じ取る。快適なセンセーションと、不快なセンセーションである。あなたの意識が選択をするとき、体の反応に注意を向けて『これを選んだら、どうなるだろう?』と問いかけてほしい。あなたの体が快適なメッセージを送ってきたら、それは正しい選択だ。不快なメッセージを送ってきたなら、それは好ましくない選択なのである」

## 呼吸をチェックする

私たちは一回一回の呼吸によって体にエネルギーを取り込みます。スペース・クリアリングの作業中、深い呼吸を規則正しく行うことがどれほど大切かは、すでに説明しました。同じように風水の処方を実行している最中も、うまくいっているかどうかはあなたの呼吸が教えてくれます。エネルギーの流れが順調なときは、呼吸もとても楽です。エネルギーが滞っていると、息苦しくなり、呼吸が浅くなるのです。呼吸によって自分の状態を把握することを、学んでください。

## 結果は出ているか

風水の効力が本当に問われるのは、それによってあなたの人生が改善されたかどうかです。本書でこれまで紹介してきたような、ドラマチックな結果が出ることもありますが、でももっとゆっくり、地味な形で結果が出ることもあります。

人々はよく、「ええ、結果は出ました。でも風水をやらなくてもそうなっていたかもしれません」と言います。もちろん、そうだったかもしれません。でもそうではなかった可能性だってあります。窓にクリスタルを吊すようにアドバイスした、ある女性のクライアントがいました。彼女はその後しばらく、信じられないような幸運に見舞われました。でも再び彼女の家を訪ねると、本人はそれが風水のおかげだとは認めたくないようでした。そこで私は、窓からクリスタルをはずして料金も返金しましょうと申し出たのです。彼女は椅子から跳び上がり、私と窓の間に立ちふさがりました。彼女の精神は認めたがらなくても、体はちゃんとクリスタルがそこになくてはいけないとわかっていたのです。

エネルギーの流れの変化は、家の中に物理的な変化をもたらすこともあります。風水の処方を施したあと、電球が切れたり、機械が不可解な反応を示したりすることがあります。逆に不調だった機器類が、ちゃんと動き出すこともあります。

ヒーリングには、さまざまな形があることを忘れないでください。時にはよくなる前に、一時的に悪くなることもあります。その場合はほんの少しだけ、我慢をしていなくてはなりません。でも物が何度も故障を繰り返したり、ものごとがどう見ても下降線をたどったりしているのなら、風水の処方が間違っていて修正が必要なのかもしれません。よかれと思ってかけた鏡が、ほかのもののバランスをひどく崩してしまったのかもしれないのです。

## 壊れていないものは、修理しないこと

ウィリアム・スピアは著書『Feng Shui Made Easy（簡単な風水）』の中で、風水処方にしたがって家の中をあれこれいじったあげく、悲惨な結果になった男性の話を教

訓としてあげています。本人に事情を聞いてみると、家具を移動し、クリスタルやウィンドチャイム、鏡などを吊す前は、人生のすべてが順調だったといいます。彼はすでに取れていた調和を、崩してしまったのです。

私は、似たような話を、数え切れないほど耳にしたことがあります。欲張ってはいけません！　あなたの人生が順調ならば、あたりを見渡して、自分のやってきたことから学びましょう。あなたはすでに、調和の取れたエネルギーの流れを作り出していたのです。あとはほんの少し手を加えるだけで十分です。

# 第二十章　人生に風水を取り入れる

聖なる空間を作るというのは、理想的な家や職場環境を作ることだけにとどまりません。宇宙のエネルギーの流れを意識しながら、日々暮らすことなのです。愛情を与えると同時に受け取る能力をより伸ばし、人や物と親しくなること、生きることに情熱を持つことを学ぶことです。それによって新しい概念、価値観が生まれてきます。

学んでから結果が出るまでは、しばらくスペース・クリアリングの基礎、電磁波への注意、風水の3つに注意を向けていかなくてはなりません。すぐ結果の出る人と、時間のかかる人がいます。忍耐を持って、自分に必要な時間をあげてください。

物理的に望んでいた環境を作り上げたら、今度は焦点を変えましょう。スペース・クリアリングや風水は、いつも考えることではなく、背景の一部にしてください。中にはあまりに意識しすぎて、風水師に聞かないと何もできなくなってしまう人がいます。風水は、それ自体が目的ではありません。あなた自身のライフスタイルに、組み込んでください。自分を強くし、人生を理想に近づけるために使うのです。

私たち一人ひとりが、生まれてきた目的を果たすための環境を作り上げる義務を負っています。それが実行できないと、このスピリチャルな旅で自分を失望させてしまうことになります。風水によってあなたが望む人生を宇宙に向かって宣言すると、聖なる道筋を歩むことができるのです。

自分だけの利益ではなく、すべての人にとってベストな結果を願うことを忘れないでください。誰もがみんなを助け、誰もがみんなから助けられているのです。風水をそのように使うと、あなたの人生は愛と豊かさに満ちたものになるでしょう。

読んで実行した人に、幸せが訪れる本を書くことが私の望みでした。聖なる空間の作り方を学ぶことは、私たちの人生にすぐに役立ちます。同時にその効果は、宇宙へ向けてドミノを倒すように、どこまで広がっていくのかわかりません。環境を清め、エネルギーの流れをよくすることで、私たちはもっと大きな利益の一部に貢献することになるのです。

## 〈Author's contact information〉

**INTERNATIONAL OFFICE**
email: info@spaceclearing.com
Contact: Faith Collingwood

**UK OFFICE**
Until 13 Jan 2006:
Karen Kingston Promotions
The Coach House, Woodside, Staples Hill, Freshford, Bath BA2 7WJ, England
Tel/Fax: +44 (0)1225 723409
email: UKoffice@spaceclearing.com
Contact: Nick Hart-Williams

From 14 Jan 2006:
Karen's UK Office will be run by Faith Collingwood
New address & phone number to be published in her website
email: UKoffice@spaceclearing.com

**US OFFICE**
Shining Dragon Seminars LLC
861 Sunrich Lane, Encinitas, CA 92024, USA
Tel: (760) 230 1766
Fax: (760) 942 7805
e-mail: USoffice@spaceclearing.com
Contact: Wenndi Freer

**Karen Kingston's Website**
http://www.spaceclearing.com

# 訳者あとがき

本書は、日本では2002年に出版された『ガラクタ捨てれば自分が見える』（小学館文庫）の続編です。不要なものを溜めこむと、家も人もエネルギーの流れが滞るということを説明し、同時に、人はなぜ物を溜めこむのか、どうすれば整理をする気になるかをわかりやすくまとめたこの著作は、世界中の読者の共感を得ました。日本でも出版以来ゆっくりと評判が広がって、今では10万部以上のベストセラーになりました。

実は本書『ガラクタ捨てれば未来がひらける』は、著者、カレン・キングストンの第1作目でした。本国イギリスでは、1996年に出版されたものです。その第五章「ガラクタをやっつける」の内容をふくらませ、整理学に焦点をあてて一冊の本にまとめた『ガラクタ捨てれば自分が見える』のほうが、日本では先に発売されたのです。

本書『ガラクタ捨てれば未来がひらける』では、ガラクタ整理からさらに一歩踏み込み、「きれいにした空間を、どのようにして清いもので満たすか」という部分が焦点となっています。清廉な環境を作り上げて、すがすがしい人生を送るためのノウハウが盛りだくさんにまとめられています。でも本書に繰り返し書いてあるように、それを実行する前にまずガラクタを片付けなくてはなりません。ですから結果的には、日本ではこちらが2冊目になって正解だったのではないかと思います。

著者のカレン・キングストンはイギリスに生まれながら、バリ島の文化と、かの地で独自に発達した風水に魅せられるという稀有《けう》な体験をした人です。今でも年の半分をバリ島で、半分をイギリスで過ごしているそうです。イギリス人と風水というのは一見しっくりこない組み合わせですが、実は西洋社会の中でイギリスほど神秘的な精神文化に対する好奇心の強い国はないかもしれません。アガサ・クリスティの小説にも出てくるようにヴィクトリア朝時代のイギリスでは降霊会が大流行したそうですし、シャーロック・ホームズの生みの親であるアーサー・コナン・ドイルも、晩年にかけて神秘的なことへの興味にのめりこんでいったことはよく知られています。キリスト教関連以外の精神文化をすべて異端として排除してきた欧米の大多数の国々に比べると、イギリスにはニューエイジ的な精神文化が根付きやすい土壌があったのでしょう。

とにかく無駄なものは処分してしまう、というシンプルでわかりやすかった（日本での）1冊目『ガラクタ捨てれば自分が見える』に比べると、本書はいくらか専門的です。実行するのにも、ベルやお花などいくらか小道具が必要になってきます。前作を訳している最中は、思わず何度も作業を中断して掃除を始めた私ですが、本書の翻訳中はまず植木鉢を買いに走りました。電磁波の影響を緩和してくれるというそのプラントは、今でも青々と私のコンピューターの横で元気に繁っています。このように本書の内容を満喫するコツは、楽しみながら少しずつ実行していくことだと思います。著者も書いているように、あまりにもこだわりすぎ、とらわれすぎてはいけません。また、一度に何もかも実行するのも逆効果であることを、忘れないようにしてください。

この本の中には、元気のもとになる美しい儀式のことがたくさん書いてあります。読者の皆様は、できるところから少しずつ実行して、すがすがしいすてきな人生を手にいれてください。

大好きなカレン・キングストンの本を再び訳す機会をくださった小学館出版局の飯沼年昭氏、細かいアドバイスをくださった編集担当の実沢まゆみ氏に、この場を借りてお礼を申し上げます。

２００５年９月吉日

田村明子

## ――本書のプロフィール――

本書は、『CREATING SACRED SPACE WITH FENG SHUI』を本邦初訳したものです。

小学館文庫

ガラクタ捨《す》てれば未来《みらい》がひらける
――風《ふう》水《すい》浄《じょう》化《か》術《じゅつ》入《にゅう》門《もん》――

著者　カレン・キングストン
訳者　田村明子《たむらあきこ》

二〇〇五年十二月一日　初版第一刷発行
二〇一三年十月六日　第六刷発行

発行人　稲垣伸寿
発行所　株式会社　小学館
〒一〇一-八〇〇一
東京都千代田区一ツ橋二-三-一
電話　編集〇三-三二三〇-五六三三
　　　販売〇三-五二八一-三五五五
印刷所――凸版印刷株式会社



ISBN4-09-418032-X